SV

Sonderdruck
edition suhrkamp

Zu Beginn des neuen Jahrtausends hätte sich kaum jemand vorstellen können, dass der Nahe Osten derart durcheinandergeraten würde: Saddam Hussein und Muammar al-Gaddafi sind Geschichte; im Kampf gegen den »Islamischen Staat« kommt es zu einer Annäherung zwischen dem Westen und Iran; Syrien oder der Irak könnten von der Landkarte verschwinden. Und Länder, die aus geopolitischen Interessen immer wieder in der Region interveniert haben, vermitteln den Eindruck, als würden sie sich nun am liebsten heraushalten.

Auch jenseits der Tagespolitik zeichnet sich ab, dass die 1916 mit dem Sykes-Picot-Abkommen etablierte Ordnung an ihr Ende gelangt sein könnte – ein Umbruch, wie ihn die Welt seit dem Zerfall der Sowjetunion nicht mehr erlebt hat. In dieser Situation unternimmt Volker Perthes den Versuch, aktuelle Verschiebungen in längere historische Entwicklungen einzuordnen, die wesentlichen regionalen Mächte zu identifizieren und Szenarien für eine Post-Sykes-Picot-Ära zu skizzieren.

Volker Perthes, geboren 1958, leitet die Stiftung Wissenschaft und Politik (SWP) in Berlin. Die SWP berät den Deutschen Bundestag und die Bundesregierung zu außen- und sicherheitspolitischen Themen. Perthes ist ein viel gefragter Kommentator im Bereich der internationalen Politik und des Nahen Ostens. In der edition suhrkamp erschien zuletzt seine Studie *Iran – Eine politische Herausforderung* (es 2572).

Volker Perthes

Das Ende des Nahen Ostens, wie wir ihn kennen

Ein Essay

Suhrkamp

4. Auflage 2015

Erste Auflage 2015
edition suhrkamp
Sonderdruck
© Suhrkamp Verlag Berlin 2015
Originalausgabe
Alle Rechte vorbehalten, insbesondere das der Übersetzung
des öffentlichen Vortrags sowie der Übertragung
durch Rundfunk und Fernsehen, auch einzelner Teile.
Kein Teil des Werkes darf in irgendeiner Form
(durch Fotografie, Mikrofilm oder andere Verfahren)
ohne schriftliche Genehmigung des Verlages reproduziert
oder unter Verwendung elektronischer Systeme
verarbeitet, vervielfältigt oder verbreitet werden.
Satz: Satz-Offizin Hümmer GmbH, Waldbüttelbrunn
Druck: Druckhaus Nomos, Sinzheim
Umschlag: Johannes Erler, Mitja Schneehage,
ErlerSkibbeTönsmann
Umschlagabbildung: ErlerSkibbeTönsmann
Printed in Germany
ISBN 978-3-518-07442-8

Inhalt

Zu diesem Essay

Wenn wir nach der einen großen Überschrift suchen, die die Ereignisse und Entwicklungen im Nahen und Mittleren Osten seit 2011 und mehr noch seit 2013/2014 charakterisiert und welthistorisch einordnet, dann scheint das Wort »Ordnungszerfall« angemessen. Innerstaatliche Ordnungen zerbrechen, nicht überall, aber doch in mehreren Staaten der arabischen Welt. Am deutlichsten ist uns dies in Syrien, im Irak und in Libyen geworden. Die Menschen in der Levante, in den Ländern zwischen der Ostküste des Mittelmeers und dem Persischen Golf also, erleben, wie die regionale Ordnung oder das regionale Staatensystem sich aufzulösen scheint, ohne dass klar wäre, wie eine neue Ordnung zustande kommen kann, wie sie aussehen wird, wer sie verhandelt oder errichtet. Und mancher wird sagen, dass auch die Werteordnung der eigenen Gesellschaften zerstört, mindestens aber beschädigt worden ist. Immerhin teilen die Menschen in Ländern wie Syrien und dem Irak, im Libanon oder in Iran trotz aller Erfahrung von Krieg, Konflikt, Repression und Gewalt auch eine Geschichte des Zusammenlebens über ethnische, konfessionelle und politische Trennlinien hinweg. Die Anerkennung dieser gesellschaftlichen und konfessionellen Vielgestaltigkeit als eines der Charaktermerkmale, ja vielleicht als die Raison d'être gerade des syrischen Staates aber und der damit verbundene Grundkonsens, dass man trotz aller Differenzen und Machtkämpfe irgendwie zusammenleben muss – all das gilt ganz offensichtlich nicht mehr, jedenfalls nicht für die kriegsführenden Parteien.

Das Ausmaß der Gewalt, die staatliche und nichtstaatliche Akteure in Syrien und anderen Ländern gegen die eigene Bevölkerung ausüben, und die konfessionelle Polarisierung – nicht nur, aber vor allem zwischen Sunniten und Schiiten –, die quer durch die Region zu spüren ist, fördern eine Spirale aus Hass und Angst und stellen die Hoffnung infrage, dass Staaten und Gesellschaften einfach wieder zusammenfinden werden, wenn nur die eine oder andere Terrororganisation besiegt oder das ein oder andere Regime gefallen ist.

Gewalt und konfessioneller Bürgerkrieg scheinen wenig mit den Forderungen nach Freiheit, Würde und Gerechtigkeit zu tun zu haben, die in den Protesten und Aufständen zum Ausdruck kamen, die die arabische Staatenwelt im Jahr 2011 erfassten. Zumindest zum Teil ist diese Gewalt als Reaktion bedrängter politischer Führungseliten auf die Forderung nach friedlicher Veränderung, auf den von vielen sogenannten »Arabischen Frühling« – oder die Furcht davor – zu verstehen. Und wo autoritäre Ordnungen zerfallen oder zu zerbrechen drohen, setzt dies alle möglichen Kräfte frei, die vordem »unter Kontrolle« waren oder zu sein schienen, extremistische politische Akteure und politisch oder wirtschaftlich motivierte Gewaltunternehmer eingeschlossen. Die Protestbewegungen haben aber auch gezeigt, dass es in allen Ländern der Region Menschen gibt, die sich dafür einsetzen oder (oftmals unter existenziellen Risiken) dafür eingesetzt haben, eine bessere Ordnung zu schaffen.

Gerade Europa, das den Beginn der Umbrüche in seiner südlichen Nachbarschaft begrüßt, dann aber – darüber lässt sich im Einzelnen streiten – wenig getan hat oder hat tun können, um friedliche politische Transformationsprozesse effektiv zu unterstützen, wäre gut beraten, seiner ursprünglichen Bewunderung für die »Generation Tahrir-Platz« nun keine angstgetriebene Politik der Abschottung gegen die Region und ihre Menschen folgen zu lassen.

Wie können wir, gerade wenn wir die Region von außen betrachten, verstehen, was seit dem Beginn der arabischen Proteste und Aufstände im Jahre 2011 im Nahen und Mittleren Osten vor sich geht? Stellen wir uns auf gescheiterte Staaten, regionale Kriege und Bürgerkriege, Terror und konfessionelle Gewalt als neuen Normalzustand ein? Auch das wäre kein guter Rat. Sicher scheint allerdings, dass die Region sich erst am Beginn einer langen Phase der Turbulenz befindet. In mancher Hinsicht ist der Nahe Osten schon heute nicht mehr der, den wir – europäische und andere ausländische Beobachter –, den aber auch ein Großteil der regionalen Akteure selbst kennen oder zu kennen geglaubt haben.

Natürlich ist es, gerade in Umbruchphasen, immer gut, nach dem geschichtlichen Hintergrund zu fragen. Nur ist Geschichte und der Umgang damit eben oft ein Politikum. Zudem ist nicht immer klar, welcher historische Hintergrund, welche Elemente von Geschichte und welche Geschichten aus der Vergangenheit heute von wem in Erinnerung gerufen und politisch relevant werden.

Ich werde in diesem Essay deshalb damit beginnen, über unterschiedliche historische Bezugsrahmen oder Zeitlinien zu sprechen, die heute dazu dienen, aktuelle Ereignisse einzuordnen. Ich werde dann etwas zu den Faktoren sagen, die zu beobachten sind, wenn man aktuelle politische Dynamiken verstehen will, mich mit den wichtigsten geopolitischen Veränderungen beschäftigen und am Ende über die Handlungsmöglichkeiten externer Akteure wie Deutschland oder der Europäischen Union reflektieren.

Meist spreche ich vom Nahen und Mittleren Osten oder einfacher vom Nahen Osten und meine damit das, was im angelsächsischen Sprachraum generell mit »Middle East« bezeichnet wird. Beides sind keine präzisen Begriffe. In jedem Fall umfassen sie die östlich des Mittelmeers gelegene Region einschließlich Irans und der Arabischen Halbinsel, ferner Ägypten, das größte arabische Land und das Bindeglied zwischen Nordafrika und Nahost. Die nordafrikanischen Staaten gehören zwar im allgemeinen Verständnis nicht zum Nahen Osten, wohl aber zur arabischen Welt. Die Türkei ist heute aktiver Teilnehmer der Dynamiken im Nahen und Mittleren Osten, ohne aber gleichzeitig Teil der Region zu sein. Der Fokus dieses Essays richtet sich eindeutig auf den östlich des Mittelmeers gelegenen Teil dieses Raums und damit immer wieder auf Syrien, dessen Entwicklung wohl auch über die Zukunft der regionalen Ordnung entscheiden dürfte.

Dabei ist dieser Essay genau das: keine umfassende Analyse, sondern ein Versuch, die gegenwärtigen Entwicklungen in einer Region, mit der ich mich in den vergangenen Jahrzehnten viel beschäftigt habe, gedanklich neu zu erfassen: gerade auch da, wo etwas, das wir kennen oder zu kennen meinen, zu Ende zu gehen scheint.

Zeitenwende und Zeitlinien

Im Januar 2013 ließ einer der erfahrensten Diplomaten der Vereinten Nationen, der ein halbes Jahr zuvor zum Sondergesandten für Syrien ernannte ehemalige algerische Außenminister Lakhdar Brahimi, seinen Befürchtungen und seinem Zorn vor den Mitgliedern des UN-Sicherheitsrats freien Lauf: Wenn der Sicherheitsrat seiner Verantwortung nicht gerecht werde, werde Syrien »vor unseren Augen« auseinanderbrechen. Wenig später wiederholte er diese Warnungen bei einem Treffen in Marokko und ergänzte, man werde sich auf ein Ende »Syriens, wie wir es kennen«, einstellen müssen.[1] Schon früher hatte Brahimi gewarnt, Syrien könne ein weiteres »Somalia« werden, also als Staat zerfallen; zudem könne der Krieg in Syrien auf die Nachbarstaaten übergreifen.[2]

Die fünf ständigen Mitglieder des Sicherheitsrats haben es nicht vermocht, sich auf ein gemeinsames Vorgehen in Syrien zu einigen, das dem Krieg und der Zerstörung des Landes ein Ende setzen würde. Der Sondergesandte Brahimi trat im Mai 2014 zurück; und der UNO-Generalsekretär ernannte mit Staffan de Mistura einen weiteren erfahrenen Diplomaten als Nachfolger. Die Warnungen Brahimis waren keineswegs alarmistisch. 2014 befand sich auch das große Nachbarland Syriens, der Irak, erneut im Bürgerkrieg. Nach Schätzungen verschiedener UN-Agenturen waren Anfang 2015 in Syrien über zwölf Millionen Menschen ohne ausreichende gesundheitliche

---

1 Zitiert nach *Asharq Al-Awsat* (12. März 2013).
2 Reuters, »Peace envoy fears Somalia fate for Syria« (6. November 2012).

Versorgung, davon fünfeinhalb Millionen Kinder und Jugendliche. 3,8 Millionen Syrer und Syrerinnen waren im Ausland als Flüchtlinge registriert, fast acht Millionen waren innerhalb des Landes vertrieben oder zu Flüchtlingen gemacht worden. Mehr als ein Viertel aller Schulen wurde schwer beschädigt, zerstört oder zweckentfremdet, die Hälfte aller Krankenhäuser, etwa ein Drittel aller Wohnungen in ganz Syrien (und ein ungleich höherer Anteil in »oppositionellen« Städten und Stadtteilen) dürften durch die anhaltenden Kämpfe, den Beschuss und die Bombardierung von Wohnvierteln zerstört worden sein. Der syrische Bürgerkrieg hat innerhalb von vier Jahren mehr als 210 000 Todesopfer gefordert, allein 2014, im bislang blutigsten Jahr, 76 000.[3]

Die Nachbarstaaten Syriens, vor allem der Libanon und Jordanien, aber auch die Türkei befürchten angesichts der Zahl der Flüchtlinge Auswirkungen auf ihre eigene innere Stabilität. Ende 2014 belief sich nach Schätzungen des Flüchtlingshochkommissars der Vereinten Nationen (UNHCR) der Anteil syrischer Flüchtlinge an der Gesamtbevölkerung Jordaniens auf neun, im Libanon sogar auf 25 Prozent. Im Libanon kam es wiederholt zu bewaffneten Auseinandersetzungen zwischen syrischen und libanesischen Gruppen. Vor allem im Libanon wurde es schwer, Flüchtlinge auch mit nichtmateriellen Gütern zu versorgen. Etwa die Hälfte der jugendlichen Flüchtlinge erhielt keine Schulausbildung mehr. Dies bedeutet, dass hier eine Generation von jungen

---

3 Quellen: UNICEF/UNHCR/UN Office for the Coordination of Humanitarian Affairs (OCHA), *2015 Syria Response Plan* (Dezember 2014), online verfügbar unter: {http://reliefweb.int/report/syrian-arab-republic/2015-strategic-response-plan-syrian-arab-republic} (Stand April 2015).

Menschen mit wenig Bildung und wenig Chancen heran-wächst, so dass Krieg und Vertreibung damit auch schon die Wurzeln zukünftiger Radikalisierung legen.

Syrien und der Irak wurden zunehmend zu einem gemeinsamen Kriegsgebiet; ein neuer Akteur, der sich selbst zum »Islamischen Staat« erklärte, breitete sich auf dem Territorium beider Staaten aus; eine neue internationale Koalition unter Führung der USA begann mit Luftangriffen in beiden Ländern, um der Expansion dieser Organisation Einhalt zu gebieten. Im Kampf gegen den sogenannten »Islamischen Staat« (IS) verschoben sich Allianzen, verschob sich auch der Blick diverser regionaler und internationaler Akteure auf die Dynamiken in der Region und darauf, was dort eigentlich wichtig ist. Vor allem in europäischen Staaten wuchs die Sorge, dass eine wachsende Zahl radikalisierter junger Leute sich als »ausländische Kämpfer« in den syrischen Krieg ziehen lassen würde.

Bis 2011 war der Nahe und Mittlere Osten überwiegend als eine politisch stagnierende Nachbarregion wahrgenommen worden, in der Wandel, wenn überhaupt, sehr langsam vonstattengehen würde; seit 2011 dann für einige Zeit als eine Region im Aufbruch, die sich, wenngleich unter Mühen, in Richtung grundlegender politischer Reform bewegen und sich dabei Europa annähern würde. Heute, während dieser Essay entsteht, beobachten wir den Rückfall in autoritäre Herrschaftsmuster, gleichzeitig aber auch die Auflösung existierender Ordnungen, den Aufstieg neuer Akteure sowie neue oder sehr alte Polarisierungen entlang konfessioneller und ethnischer Trennlinien.

Die Region erlebt zweifellos eine Zeitenwende; aber es ist keine Wende von einem politischen Zustand zu einem anderen. Verschiedene Länder gehen durch unterschiedliche Phasen von Erschütterung und Veränderung: revolutionäre Aufbrüche, Krieg, Restauration oder Transformation. Im Ganzen ist dies in der Tat nicht mehr der Nahe und Mittlere Osten, den wir – oder den die Bürgerinnen und Bürger Syriens und anderer Staaten der Region – seit Langem »kennen«. Dies festzustellen heißt aber gleichzeitig zu fragen, welchen Nahen und Mittleren Osten, welchen Ausschnitt der Realität oder welche der für handelnde Personen und Beobachter wichtigen Realitäten wir eigentlich kennen oder zu kennen meinen. Dies fängt bei der Wahrnehmung historischer Hintergründe und dabei an, wie Menschen in die Geschichte einordnen, was ihnen heute geschieht.

Wir können, ein wenig vereinfacht, drei Zeitlinien unterscheiden, die die Entwicklungen im Nahen und Mittleren Osten prägen: Da ist zunächst die kurze Zeitlinie der Tagespolitik oder der je aktuellen politischen und gesellschaftlichen Auseinandersetzungen, Probleme und Krisen. Dann gibt es die mittlere Zeitlinie geopolitischer Verschiebungen, die eher in Dekaden als in Monaten und Jahren gemessen wird. Und schließlich können wir von der langen Zeitlinie soziokultureller Entwicklungen sprechen oder, in Anlehnung an die Begrifflichkeit des französischen Historikers Fernand Braudel und dessen epochales Werk über die geografischen, ökologischen und sozialen Konturen der Mittelmeerregion,[4] von der *longue durée*. Braudel hat auf seiner langen Zeitlinie auch die Entwicklung von Fauna und Flora, von Landschaft und Lebensweisen abgebildet. Für uns geht es hier eher um historisch geschaffene Identitäten und Bindungen,

---

4 Fernand Braudel, *Das Mittelmeer und die mediterrane Welt in der Epoche Philipps II.*, Frankfurt am Main: Suhrkamp 1990 [das französische Original erschien 1949].

die heute politisch wirksam werden und, oft genug, darüber entscheiden, wer sich in inner- und zwischenstaatlichen Auseinandersetzungen auf welcher Seite wiederfindet.

Naturgemäß erwecken Ereignisse auf der ersten, kurzen Zeitlinie die größte mediale und politische Aufmerksamkeit. Hierher gehören laufende internationale Verhandlungen, etwa um das iranische Atomprogramm, Wortgefechte im Sicherheitsrat, die je letzten Kämpfe zwischen Israel und der Hamas, die Aktivitäten von Oppositionsgruppen oder deren Zerschlagung in Ägypten, Bahrain oder anderswo, die Kämpfe und Zerstörungen in Syrien oder im Irak und die menschlichen Tragödien, die dadurch verursacht werden. Welthistoriker oder Wissenschaftler, die die Triebkräfte des internationalen Systems verstehen wollen, selbst Strategen in einigen der wichtigsten Hauptstädte mögen die meisten Ereignisse auf dieser Zeitlinie als Details betrachten, als Pixel eines sehr viel größeren Bildes. Politische Entscheidungsträger, Medien und auch die Öffentlichkeit aber können sie nicht ignorieren: Hier geht es schließlich um Menschen, die unterdrückt, getötet oder zu Flüchtlingen gemacht werden; um Individuen und Gruppen, die um ihr Recht kämpfen; um Staaten, die Chancen verspielen oder es schaffen, ihren Bürgern und Bürgerinnen ein besseres Leben zu ermöglichen; um Generationen, die die Hoffnung verlieren oder ihre Träume realisieren. Wenn Diplomaten etwas für Frieden und Völkerverständigung tun wollen, müssen sie sich um die tagespolitischen Krisen und Konflikte kümmern.

Politisches Denken im Nahen und Mittleren Osten dagegen verbindet sich häufig mit der zweiten, geopolitischen Zeitlinie. Bei aller berechtigten Kritik an der Neigung arabischer und anderer mittelöstlicher Potentaten, eigene Versäumnisse und Entwicklungsdefizite in ihren Staaten mit Ausführungen über die Untaten oder Verschwörungen ausländischer Mächte zu erklären, die fünfzig bis hundert Jahre zurückliegen, ist eine solche Orientierung an größeren Brüchen oder Entwicklungssprüngen des internationalen oder des regionalen Systems durchaus sinnvoll. Auch in Europa orientieren wir uns ja oft an den gewissermaßen tektonischen geopolitischen Verschiebungen der jüngeren Geschichte: so etwa, wenn wir die nach dem Ende des Kalten Krieges entstandene – und heute wieder infrage gestellte – europäische Friedensordnung von den Jahrzehnten der Blockkonfrontation abgrenzen, nicht zuletzt mit Blick auf das, was im Umgang der Staaten miteinander als normativ akzeptabel oder inakzeptabel gilt.

In der Tat ist es nahezu unmöglich, Politik, Ideologieentwicklung und zwischenstaatliche Beziehungen in der arabisch-nahöstlichen Welt zu verstehen, ohne auf die Entstehung des regionalen Staatensystems nach dem Ende des Ersten Weltkriegs (1918) und, wenig später, der Auflösung des Osmanischen Reichs (1922) zurückzugreifen. Man wird hier immer wieder daran erinnert werden, dass die Grenzen zwischen Mittelmeer und Persischem Golf im Wesentlichen von auswärtigen Mächten, namentlich von Großbritannien und Frankreich, gezogen worden sind. So wird gängigerweise vom Sykes-Picot-System oder von den Sykes-Picot-Grenzen gesprochen – mit Bezug auf Mark Sykes und François Georges-Picot, einen britischen und einen französischen Diplomaten, die sich 1916 im Auftrag ihrer Regierungen über die Aufteilung der nahöstlichen Gebiete des Osmanischen Reiches einigten. Auch wenn das sogenannte Sykes-Picot-Abkommen nicht eins zu eins umgesetzt wurde, bildete es doch die Grundlage für die Einrichtung von Mandaten des Völkerbunds, mit denen Frankreich die Kontrolle über das heutige Syrien und den Libanon, Großbritannien die über Palästina, das heutige Jordanien und den Irak übernahm und damit auch die Verantwortung für die spätere Grenzziehung zwischen den daraus entstehenden Staaten.[5]

»Sykes-Picot« wurde aber auch zur Chiffre, stand und steht im politischen Sprachgebrauch für ein westliches oder imperialistisches *Grand Design* der politisch-territorialen Verhältnisse in der Region und eine von externen Mächten bestimmte Aufteilung in Einzelstaaten. Gleichzeitig fanden verschiedene politische Bewegungen und ganze Staaten im Widerstand gegen »Sykes-Picot« so etwas wie ihren Gründungsmythos. Das gilt insbesondere für die in Syrien entstandene panarabische Baath-Partei (das Wort *baath* steht dabei für die »Auferstehung« oder »Wiederbelebung« der arabischen Nation) und andere Spielarten eines großsyrischen oder arabischen Nationalismus wie auch für Syrien selbst, das sowohl seine territoriale Einheit wie seine Unabhängigkeit in längeren Auseinandersetzungen und Kämpfen gegen die französische Mandatsmacht durchsetzen musste. Die Ablehnung des »Sykes-Picot-Systems« gehört hier und in den meisten anderen arabischen Staaten gewissermaßen zum guten Ton.

Des ungeachtet ist das so entstandene System nahöstlicher Staaten und Grenzen über den Zweiten Weltkrieg, die Unabhängigkeit der Einzelstaaten und zahlreiche Kriege und Bürgerkriege hinweg fast ein Jahrhundert lang intakt geblieben – was gerade im Vergleich zur europäi-

---

5 Das Standardwerk hier ist nach wie vor David Fromkin, *A Peace to End All Peace. The Fall of the Ottoman Empire and the Creation of the Modern Middle East*, New York: Avon Books 1990.

schen Entwicklung in dieser Zeitspanne ziemlich bemerkenswert ist. Seit 1948 gehört auch Israel als zwar lange nicht anerkannter, aber faktisch nicht ignorierbarer Mitspieler zu diesem System. In Syrien, in Jordanien, im Libanon, im Irak, unter Israelis und Palästinensern und in unterschiedlichem Ausmaß auch in Saudi-Arabien und den anderen Staaten der arabischen Halbinsel haben sich eigene, wenngleich nicht notwendig exklusive politische Identitäten herausgebildet. Vier bis fünf nahöstliche Generationen, die heutigen Entscheidungsträger eingeschlossen, sind so in einem regionalen System sozialisiert worden, das allgemein als ungeliebt, als »schlechte Ordnung« galt.

Derzeit scheint die Region einen dieser historischen Brüche zu erleben, die wir gern als tektonisch bezeichnen: Es sieht so aus, als löse sich die postosmanische Ordnung auf. Syrien, der zentrale Staat im regionalen Gefüge, funktioniert nur noch in Teilen als Staat; zumindest einige der Grenzen verlieren ihre Relevanz; neue Herrschaftsverbände entstehen; zwischenstaatliche und transnationale Konflikte überlappen einander. Mehr dazu später. Wichtig ist an dieser Stelle, dass große auswärtige Mächte, anders als vor knapp hundert Jahren, kein Interesse zeigen, selbst eine »Neuordnung« der Region vorzunehmen. Die Tendenz geht eher dahin, bestimmte direkte Interessen zu verteidigen und sich ansonsten auf Gefahrenabwehr zu beschränken. Auch von den wichtigsten Regionalstaaten gehen – bislang jedenfalls – keine Initiativen zur Stabilisierung oder Neuerrichtung einer regionalen Ordnung aus. Im Ergebnis erleben immer mehr Menschen, dass die alte Ordnung zwar »schlecht« gewesen sein mag, die Alternative zu einer schlechten Ordnung aber nicht unbedingt eine bessere, sondern möglicherweise gar keine Ordnung ist.

Je mehr im Hier und Jetzt aber Ordnung, soziale, wirtschaftliche und politische Stabilität und Gewissheit fehlen, je weniger das Zusammenleben verschiedener Bevölkerungsgruppen im Rahmen verlässlicher Staatlichkeit abgesichert wird, desto wichtiger werden konfessionelle, ethnische oder tribale Bindungen und Identitäten, die sich entlang der langen Zeitlinie, der soziokulturellen *longue durée* entwickelt haben. Für das reale Geschehen ist es ziemlich irrelevant, ob oder zu welchem Grad es sich dabei um »erfundene« Gemeinschaften und entsprechend erfundene Identitäten[6] handelt – solange jedenfalls, wie diese Identitäten wirken, politisch nutzbar gemacht werden können und dabei helfen, passende Elemente der Geschichte im richtigen Moment in die kollektive Erinnerung zu rufen. Historische Episoden, die an ganz unterschiedlichen Stellen auf dieser Zeitlinie verortet sind, werden dann plötzlich so bedeutsam wie Ereignisse aus der jüngsten Vergangenheit. So kann der Streit über die rechtmäßige Nachfolge Muhammads, des Propheten des Islam, aus dem vor 1400 Jahren die konfessionelle Spaltung zwischen Sunniten und Schiiten entstand, können die Kämpfe und Allianzen zwischen dem abbasidischen und dem fatimidischen Kalifat und den Kreuzfahrerstaaten, die Invasion mongolischer Heere, die Eroberungen der Osmanen und natürlich der west-

---

6 Der Begriff der erfundenen Gemeinschaften geht auf Benedict Anderson zurück, der in seinem Buch *Imagined Communities: Reflections on the Origin and Spread of Nationalism* (London: Verso 1983, deutsch: Die Erfindung der Nation. Zur Karriere eines folgenreichen Konzepts, Berlin: Ullstein 1998) erklärt, dass Nationen eher »imaginierte« und konstruierte oder eben »erfundene« als »natürliche« oder »ursprüngliche« Gemeinschaften sind. Entsprechendes lässt sich für ethnische Gruppen und Gemeinschaften sagen.

liche (im iranischen Fall gelegentlich auch der russische) Imperialismus unterschiedlichen politischen Gruppen und Gewaltakteuren als Orientierungspunkte für die Abgrenzung der eigenen gegen je andere Gemeinschaften dienen und dabei helfen, Konflikte der Gegenwart in ein – mehr oder weniger – überzeugendes historisches Narrativ einzuspinnen.

Externe Akteure, die die regionalen Dynamiken verstehen und mit den Gesellschaften im Nahen und Mittleren Osten zusammenarbeiten wollen, dürfen die *longue durée* mit ihren Erinnerungen und Identitäten nicht ignorieren, sollten sich aber auch hüten zu glauben, dass es bei den aktuellen Verwerfungen und Konflikten in der Region wirklich oder wesentlich um konfessionelle Gegensätze oder gar um die richtige Interpretation des Glaubens geht.

Die Mehrheit der sunnitischen Muslime (nicht nur in Syrien und im Irak) haben für den sogenannten Islamischen Staat nichts übrig, finden die Selbstausrufung seines Anführers zum Kalifen oder dessen Ankündigung, nach der arabischen Welt auch Rom zu erobern, bestenfalls lächerlich und die Bluttaten seiner Anhänger abscheulich. Die Symbole und historischen Referenzen aus der *longue durée*, die er nutzt, können aber dennoch Eindruck machen – die schwarze Fahne der Abbasiden etwa und sicher die Erinnerung an die ruhmreichen Zeiten, als deren Kalifat eine Großmacht und einen politisch-kulturellen Orientierungspunkt für die sunnitischen Muslime darstellte. Nur würde die Propaganda des sogenannten Islamischen Staates sehr viel weniger Wirkung entfalten, wenn sie sich nicht auf die Macht moderner Waffen stützen könnte und wenn die Staaten, auf deren Territorium diese Organisation ihre Herrschaft auszudehnen versucht, funktioniert und nicht so deutlich dabei versagt hätten, inklusive politische, wirtschaftliche und soziale Verhältnisse zu schaffen. Auch darauf werden wir zurückkommen.

Vier Jahre nach dem Beginn der arabischen Proteste und Revolten, die freundliche Zeitzeugen schnell zum »Arabischen Frühling« erklärten, ist das Gefühl der Zuversicht und des Aufbruchs einem allgemeinen Gefühl der Ungewissheit gewichen. Auch wissenschaftliche Beobachter können nicht vorhersehen, wie die politische und gesellschaftliche Landschaft des Nahen und Mittleren Ostens in fünf oder zehn Jahren aussehen wird. Wir können allerdings die wichtigsten Faktoren beschreiben, die wir im Blick haben sollten, wenn wir verstehen und einordnen wollen, was vor sich geht: die soziopolitischen Dynamiken in den einzelnen Ländern; Identitäten und ideologische Orientierungen; regionale geopolitische Konflikte und Strukturentwicklungen.

Was in Tunesien begann …

Lassen Sie uns hier zunächst aber einen skizzenhaften Rückblick auf die wichtigsten Ereignisse und Namen einblenden, auf die wir im weiteren Text gelegentlich zurückkommen werden. All diejenigen, die die regionalen politischen Entwicklungen der Jahre seit 2011 noch präsent haben, können die nächsten zehn Seiten getrost überblättern.

Die Geschichte ist oft erzählt worden: Im Dezember 2010 verbrannte sich ein junger Gemüsehändler in einer tunesischen Kleinstadt aus Protest gegen Missachtung und schlechte Behandlung durch die Behörden. Aus den Protesten, die darauf im ganzen Land entbrannten, entstand eine Revolte, die im Januar 2011 zum Sturz des langjährigen tunesischen Präsidenten Zein al-Abidin Ben Ali führte. Die tunesische Revolution entfaltete eine ungeahnte regionale Signalwirkung. Rasch kam es zu Massenprotesten in Ägypten und bald dann auch in anderen arabischen Staaten – insbesondere nachdem im Februar 2011, nach vergeblichen Versuchen, die Demonstrationen niederzuschlagen, Ägyptens Präsident Husni Mubarak stürzte und ein Oberster Rat der Streitkräfte (SCAF) im Namen der Revolution die Macht übernahm. Auch wenn der Begriff des »Arabischen Frühlings« irreleitend war – ich habe ihn möglichst vermieden, weil er in seiner jahreszeitlichen Metaphorik suggerierte, dass wir es hier mit einem Umbruch zu tun hätten, der in wenigen Monaten vollendet sein würde –, so handelte es sich doch um eine Volksbewegung für Würde und Rechte und gegen die »Korruption« oder Arroganz der Mächtigen, die fast alle arabischen Staaten in der einen oder anderen Weise erfasste.[1]

In zwei weiteren dieser Staaten führten die Aufstände zu einem Wechsel an der Spitze. So wurde in Libyen aus Antiregime-Protesten, die der Diktator Muammar al-Gaddafi mit äußerster Gewalt niederzuschlagen versuchte, rasch ein gewaltsamer Aufstand und ein offener Bürgerkrieg. Nachdem der UN-Sicherheitsrat ein bewaffnetes Eingreifen zum Schutz der Zivilbevölkerung im Osten des Landes legitimiert hatte, begann eine von Frankreich und den USA initiierte Koalition westlicher und arabischer Staaten mit Luftangriffen auf Stellungen des Regimes, die den Oppositionskräften den Vormarsch nach Tripoli sowie den Sturz (und die Ermor-

[1] Siehe mit mehr Details unter anderem mein Buch *Der Aufstand. Die arabische Revolution und ihre Folgen*, München: Pantheon 2011.

dung) Gaddafis ermöglichten. Im Jemen dagegen wurde unter maßgeblicher Mitwirkung des großen Nachbarn Saudi-Arabien nach mehreren Monaten des Protests, der Gewalt und auch militärischer Konfrontationen zwischen unterschiedlichen Fraktionen des Regimes im Februar 2012 eine Ablösung von Präsident Ali Abdullah Salih durch seinen Stellvertreter und ein umfassender Nationaler Dialog der verschiedensten politischen und zivilgesellschaftlichen Kräfte auf den Weg gebracht. Dies stabilisierte das auch zuvor schon fragile Land, das in vielerlei Hinsicht ein »gescheiterter Staat« war, allenfalls vorübergehend. Seit Ende 2014 kämpften wieder unterschiedliche Fraktionen des Militärs, Vertreter der alten politischen Eliten und verschiedene tribale Gruppen um die Macht, weitgehend auf Kosten jener jungen, städtischen Aktivisten, die 2011 die Proteste gegen das alte Regime getragen hatten. Anfang 2015, nachdem die sogenannten Huthi-Rebellen, eine tribale Gruppe aus dem Norden, zusammen mit Anhängern Ali Abdullah Salihs erst die Hauptstadt Sanaa erobert sowie die legitime Regierung vertrieben hatten und dann in weitere Landesteile vorrückten, mobilisierte Saudi-Arabien eine Koalition arabischer Staaten und begann mit einer Serie von Luftangriffen auf die Rebellen. Aus dem Bürgerkrieg in einem weitgehend zerfallenen Staat war ein Krieg mit direkter Beteiligung der Nachbarn geworden. Jemen

In Saudi-Arabien und den meisten anderen Monarchien kam es 2011 ebenfalls zu Protesten. Nur in Bahrain, wo es neben der politischen noch eine konfessionelle Komponente gab, wuchsen diese sich zu einem umfassenden Aufstand aus, der von der Regierung mit einer Mischung aus Gewalt, Repression und politischen Versprechen niedergeworfen wurde. Saudi-Arabien und andere Golfmonarchien entsandten zudem Truppen, um die bahrainischen Sicherheitskräfte zu entlasten. Die saudische Regierung setzte im eigenen Land vor allem auf ein umfassendes Programm von Sozialleistungen und Beschäftigungsmaßnahmen, um die Unzufriedenheit eines Teils der Bevölkerung einzufangen. Sie griff zudem den Herrscherhäusern in Bahrain, Oman und Jordanien finanziell unter die Arme, um ihnen zu helfen, die Situation in ihren Ländern zu stabilisieren. Wichtiger allerdings dürfte in Oman, in Jordanien und auch in Marokko gewesen sein, dass die Regierungen bzw. die jeweiligen Monarchen nicht nur auf Repression setzten, sondern sich bemühten, ihrer Bevölkerung zu signalisieren, dass sie deren politische Botschaft verstanden hatten: In den drei Ländern wurden die Verfassungen angepasst, die Rechte der Parlamente wurden ein Stück weit gestärkt und die Regierungen ganz oder teilweise ausgetauscht. Dies waren keine allzu tief greifenden Veränderungen. Sie enthielten aber die Botschaft, dass politischer Wandel auch ohne Gewalt und Revolution möglich sei, und halfen damit den Herrscherfamilien, sich die Unterstützung zumindest der Mittelschichten zu erhalten. Die Situation in Jordanien dürfte sich vor allem auch deshalb stabilisiert haben, weil der Blick auf die grauenvolle Entwicklung im Nachbarland Syrien als Warnung diente, die Ordnung und den Zusammenhalt im eigenen Land nicht aufs Spiel zu setzen.

In Syrien begann der Aufstand im Frühjahr 2011 zunächst mit vereinzelten Protesten gegen lokale Behörden und Sicherheitskräfte, aus denen rasch eine zivilgesellschaftlich-politische Protestbewegung wurde, die große Teile des Landes erfasste. Das Regime von Baschar al-Asad setzte ebenso rasch auf das, was in seinem eigenen Jargon die »militärische Lösung« genannt wurde, reagierte also mit tödlicher Gewalt. Viele Soldaten, vor allem aus sunnitischen Gebieten, und eine Reihe von Kommandeuren desertierten, um die Bevölkerung ihrer je eigenen Dörfer oder Städte zu schützen. Seit Sommer 2011 lässt sich von einer Militarisierung des Aufstands sprechen, spätestens seit 2012 von einem anhaltenden Bürgerkrieg, in welchem das Regime aus Russland und Iran sowie von schiitischen Milizen aus dem Irak und der libanesischen Hizbullah unterstützt wurde und wird, die Opposition aus der Türkei, den arabischen Golfstaaten und aus westlichen Ländern. Dabei gewannen in den Gebieten, die dem Regime entglitten, zunehmend extremistische, politisch-islamische Gruppen die Oberhand, seit 2014 vor allem der im Irak entstandene sogenannte Islamische Staat.

Eine Konfessionalisierung und allgemeine Verrohung der Auseinandersetzungen hatte allerdings schon vorher eingesetzt. So organisierte das Regime neben den regulären Streitkräften eigene Milizen. Deren Mitglieder stammen vorwiegend aus der alawitischen Bevölkerungsgruppe, der auch der Präsident, seine Familie und seine engsten Mitarbeiter angehören. Die Alawiten sind eine vor allem in der Levante beheimatete Konfessionsgemeinschaft, die sich selbst der Schia zuordnet. Asads Herrschaftselite, wie schon die seines Vaters, bestand und besteht keineswegs ausschließlich aus Alawiten; aber wichtige Positionen im Sicherheitsbereich, von der Spitze bis hinunter zur Bataillonsebene, befanden sich überwiegend in der Hand von Alawiten, deren Familien, wie die Asads, aus den syrischen Küstenprovinzen stammen. Die neuen Milizen, die wenig später unter dem Namen »Nationale Verteidigungskräfte« zusammengefasst und der Armeeführung unterstellt wurden, traten vor allem durch Gewalttaten gegen die Zivilbevölkerung hervor. Auch wurde ihnen, anders als den regulären Streitkräften, offenbar erlaubt, bei feindlichen Teilen der Bevölkerung »Beute« zu machen. Das Regime setzte nahezu von Beginn an alle Waffentypen ein, die ihm zur Verfügung standen. Im August 2013 führte ein größerer Einsatz von Chemiewaffen zu einer bemerkenswerten russischen Initiative: Moskau überzeugte die syrische Führung, sich auf eine Erfassung und Zerstörung des syrischen Chemiewaffenpotenzials durch die Organisation zum Verbot chemischer Waffen (OPCW) einzulassen, und bewahrte das Regime damit vor einer offenbar unmittelbar bevorstehenden militärischen Strafaktion der USA. Präsident Obama griff jedenfalls die russische Initiative auf und blies die bereits geplanten Luftschläge, von deren Nutzen er offenbar selbst nicht überzeugt war, ab – sehr zum Verdruss der syrischen Opposition und ihrer regionalen Verbündeten.

Hoffnungen, dass die Kooperation der USA, Russlands und anderer – auch Deutschland beteiligte sich an der Vernichtung syrischer Chemiewaffen – zumindest zur Deeskalation beitragen würde, erfüllten sich nicht. Alle Versuche einer diplomatischen Lösung, insbesondere die Bemühungen von drei erfahrenen Sondergesandten der Vereinten Nationen, blieben, bis zum Entstehungszeitpunkt dieses Essays jedenfalls, erfolglos. Anfang 2015 war Syrien faktisch vier- bis fünfgeteilt und meist auch in jedem der einzelnen Teile zusätzlich fragmentiert: Das Regime hielt etwa ein Drittel des Landes mit ungefähr der Hälfte der Bevölkerung, darunter die Hauptstadt Damaskus, die wichtigste Nord-Süd-Verbindung und das Küstengebiet. Der IS hatte große Teile des Nordens und Ostens des Landes unter Kontrolle. Die allgemein als moderat bezeichnete Opposition und mit ihr verbündete Milizen, darunter ebenfalls immer mehr islamistische Kräfte, hatten in Aleppo, in Teilen des Damaszener

Umlands und Teilen des Südens die Oberhand. Die mit dem Qaida-Netzwerk verbundene Nusra-Front, die gegen das Regime, gegen den konkurrierenden »Islamischen Staat« und gelegentlich mit, gelegentlich aber auch gegen die moderate Opposition kämpft, kontrollierte einen Teil der nordwestlichen Grenzgebiete zur Türkei. Sie hatte zudem eine Präsenz auf dem Golan, an der Frontlinie zu Israel, aufgebaut. Im Norden des Landes, nahe der türkischen Grenze, waren zudem drei kurdische Kantone entstanden.

Im Irak, in dem der IS aus dem lokalen Ableger der al-Qaida entstanden war, hatte es 2011 keine den Protesten und Aufständen in den arabischen Staaten vergleichbaren Entwicklungen gegeben. Das Land und seine politischen Fraktionen waren dabei, sich auf den angekündigten Abzug des amerikanischen Militärs und damit die Rückgewinnung der vollen Souveränität vorzubereiten. Die Amerikaner hinterließen kein geeintes, sondern ein politisch und ethnisch tief gespaltenes Land, dessen Trennlinien bald wieder aufbrachen. Spätestens 2013 befanden Teile der überwiegend sunnitisch-arabischen Gebiete sich im offenen Aufruhr gegen die schiitisch dominierte Regierung in Bagdad. Dies erleichterte es dem sogenannten Islamischen Staat, 2014 die Großstadt Mosul und eine Reihe anderer irakischer Städte nahezu widerstandslos zu erobern.

Unter den großen arabischen Staaten blieben Algerien und der Sudan weitgehend unberührt von den Auswirkungen der ursprünglichen Revolten in Tunesien und Ägypten. Im Sudan herrschten andere Konfliktlinien vor: 2011 fand zum Abschluss eines langen Friedensprozesses ein Referendum statt, das zur Abspaltung des Südsudan führte; gleichzeitig hielten ethnische Gewalt und kriegerische Auseinandersetzungen zwischen der

Armee des Regimes und diversen Milizen in Darfur und anderen Landesteilen an. Zwar erlebte auch Algerien Anfang 2011 Proteste, diese wurden jedoch an keiner Stelle regimegefährdend. Das Land hatte einen langen blutigen Bürgerkrieg hinter sich, der auch als Warnung diente, die vorsichtige Rückkehr zur Politik unter der Aufsicht des Militärs nicht zu gefährden. Zudem inspirierten weder die Entwicklungen im Nachbarland Libyen noch die in Ägypten zu großen Hoffnungen auf revolutionäre Veränderungen.

Libyen bewegte sich seit dem Sturz Gaddafis allmählich in Richtung einer politischen und territorialen Zersplitterung. Eine Reihe von Wahlen, aus denen auch nationale Regierungen hervorgingen, änderten nichts daran, dass weiterhin verschiedene revolutionäre Milizen mit meist lokaler und tribaler Verwurzelung den Ton angaben, die nicht bereit waren, sich einer zentralstaatlichen Gewalt zu unterstellen, allerdings auch nicht genügend miteinander kooperierten, um den Staat in dezentralisierter oder föderalisierter Form neu zu begründen. Teile des weiten und weitgehend unbevölkerten Landes entzogen sich jeglicher staatlichen Herrschaft; die Städte und die Ölinfrastruktur standen zuletzt unter der Kontrolle zweier konkurrierender Regierungen, die sich auf unterschiedliche, in sich keineswegs homogene Allianzen lokaler Milizen, politischer Bewegungen und zum Teil auch krimineller Netzwerke stützten. Der Konflikt lässt sich mit der Unfähigkeit und Unwilligkeit der beteiligten Gruppen erklären, eine inklusive Lösung für die Verteilung der keineswegs mageren Ressourcen des Landes zu finden. Er wurde aber, ohne eigentlich ein Stellvertreterkrieg zu sein, auch dadurch am Leben gehalten, dass beide Regierungen von je unterschiedlichen arabischen Staaten unterstützt wurden: Ägypten, Saudi-Arabien und die Vereinigten Arabischen Emirate (VAE) leisteten materielle und militärische Unterstützung für die Regierung des im Sommer 2014 gewählten Nationalrats, die in Tobruk, nahe der ägyptischen Grenze, Zuflucht gefunden hatte und auch Teile der alten Regimearmee für sich mobilisieren konnte, während die in Tripolis ansässige Gegenregierung des eigentlich abgewählten Parlaments, in dem Vertreter der Hafenstadt Misrata und der Muslimbruderschaft starken Einfluss hatten, auf die Hilfe der Türkei und Katars setzten.

Und was hatte sich in den Ursprungsländern der arabischen Revolte von 2011 getan? In Ägypten und Tunesien hatte es 2011 und 2012 jeweils freie Wahlen zu parlamentarischen bzw. verfassungsgebenden Versammlungen gegeben, in denen islamistische Kräfte – in Tunesien die Nahda-Bewegung (oft auch transliteriert als: *Ennahda*), in Ägypten die Muslimbruderschaft sowie die salafistische Nur-Partei – relative Mehrheiten gewannen. In Tunesien wurde eine Regierung unter der Führung der Nahda gebildet; in Ägypten setzte der Militärrat eine Technokratenregierung ein. Die Proteste hielten in beiden Ländern an. Der Nahda-Regierung wurde bald vorgeworfen, die Macht zu monopolisieren und nicht genug gegen die Umtriebe extremistischer Islamisten zu unternehmen. Der Streitkräfterat in Ägypten schien die Strukturen des alten Regimes erhalten zu wollen. Weder die neue ägyptische noch die neue tunesische Führung konnten rasche und sichtbare Erfolge im wirtschaftlichen und sozialen Bereich vorweisen. Im Sommer 2012 setzte sich Muhammad Mursi, der Kandidat der Muslimbruderschaft, knapp gegen einen Repräsentanten der alten Herrschaftselite durch. Das Militär übertrug ihm die Insignien der Macht. Die folgenden Monate waren durch nahezu permanente Grabenkämpfe zwischen dem Präsidenten und seiner Regierung auf der einen Seite und Teilen der alten Bürokratie, des Sicherheitsapparats und der Justiz auf der anderen geprägt. So lösten die Gerichte die beiden gewählten Kammern des Parlaments mit ihrer islamistischen Mehrheit auf. Mursi selbst regierte und reagierte zunehmend autoritär. Im Sommer 2013 nahm das Militär unter General Abd al-Fattah al-Sisi eine Welle von Massenprotesten gegen Mursi, die es offensichtlich selbst unterstützte, zum Anlass, erst Mursi ein Ultimatum zu stellen, dann den Präsidenten zu verhaften und selbst die Macht zu übernehmen. Dem folgte eine Verhaftungs- und Verfolgungswelle gegen die Muslimbruderschaft und auch gegen liberale Kritiker des neuen Regimes, darunter namhafte Vertreter der Revolutionsjugend von 2011. Ägypten erlebte eine Restauration militärisch-autoritärer Herrschaft, bei der Armeechef Sisi bewusst als würdiger Nachfolger Gamal Abdel-Nassers dargestellt wurde, der Ägypten von 1952 bis 1970 regiert hatte. Im Sommer 2014 wurde General Sisi zum Präsidenten gewählt.

Tunesien schlug einen anderen Pfad ein. In dem sehr viel kleineren Land mit seiner vergleichsweise gut ausgebildeten Bevölkerung hatte sich nach der Revolution von 2011 ansatzweise und ungeachtet aller Differenzen eine kooperativere politische Kultur entwickelt. So war aufgrund der Wahlergebnisse zur verfassungsgebenden Versammlung eine von der Nahda geführte Koalitionsregierung gebildet und gleichzeitig ein linker Menschenrechtsaktivist zum Übergangspräsidenten gewählt worden. Zudem dürfte der Coup in Ägypten als Warnsignal verstanden worden sein. Jedenfalls reagierte die Nahda auf die anhaltenden Proteste im eigenen Land überaus umsichtig und ließ sich, entgegen den Erwartungen vieler, zu einem verhandelten Machtverzicht bewegen. Anfang 2014 trat Nahda-Ministerpräsident Ali Larayedh zurück, und eine Technokratenregierung wurde eingesetzt; zur selben Zeit verabschiedete die verfassungsgebende Versammlung eine neue Verfassung, auf deren Grundlage im weiteren Verlauf des Jahres ein Parlament und ein neuer Präsident gewählt wurden. Die Nahda erlitt dabei erhebliche Verluste, blieb aber im politischen Spiel. Den Präsidentschaftswahlen, aus denen der betont säkulare 78-jährige Beji Caid al-Sibsi als knapper Sieger hervorging, ging zwar ein teilweise bitterer Wahlkampf voraus. Das Ergebnis wurde aber von allen politischen Gruppen anerkannt. Tunesien hatte, bis hierhin jedenfalls, bewiesen, dass ein konsensualer Transformationsprozess möglich ist.

All politics is local

Bei allen Turbulenzen, die die Region von Nordafrika bis zum Persischen Golf seit Anfang 2011 erlebt, gibt es immer auch einen Kern lokaler Politik, bei dem es, in den oft zitierten Worten des amerikanischen Soziologen Harold D. Lasswell, im Grunde darum geht, wer was wann und wie bekommt.[2] Zu den Treibern entsprechender Auseinandersetzungen, Konflikte und Verhandlungen zwischen verschiedenen gesellschaftlichen Akteuren und Eliten in den je einzelnen Ländern gehören soziodemografische Dynamiken – nicht zuletzt der sogenannte Generationenfaktor – und Fragen der politischen und wirtschaftlichen Teilhabe. In den meisten arabischen Ländern ist beides eng miteinander verbunden.

2 Harold D. Lasswells Klassiker *Politics: Who Gets What, When, How?* wurde erstmals 1936 verlegt (New York: Whittlesey House).

Etwas konkreter: Die arabischen Gesellschaften sind enorm junge Gesellschaften; weltweit liegt nur im Afrika südlich der Sahara der Anteil der jungen Leute an der Gesamtbevölkerung noch höher. In fast allen Ländern der Region ist mehr als die Hälfte der Bevölkerung jünger als 30 Jahre. In Saudi-Arabien gilt dies für 57 Prozent, in Ägypten für fast 58, in Syrien, Jordanien und im Irak für zwischen 62 und 65, im Gazastreifen sogar für 72 Prozent.[3] Insgesamt hat die Wirtschaftsentwicklung mit dem Bevölkerungswachstum nicht mitgehalten; selbst die ölexportierenden Staaten haben relativ zur Bevölkerungsgröße heute weniger an Einkommen und Reichtum zu verteilen als noch vor einigen Jahrzehnten. Und kaum eins der Länder hat aus seinem Jugendreichtum wirklich Nutzen gezogen.

Zwar ist in allen arabischen Ländern das Schul- und Hochschulwesen deutlich ausgebaut worden. Die heute jungen Generationen sind im Allgemeinen viel besser ausgebildet als ihre Eltern und Großeltern; fast alle Kinder gehen zumindest einige Jahre zur Schule. Bildungs- und Ausbildungsunterschiede zwischen Männern und Frauen sind in der jungen Generation zwar nicht eingeebnet, aber doch sehr viel geringer als früher. In vielen Staaten der Region, darunter in Saudi-Arabien wie auch in Iran, sind mittlerweile mehr Frauen als Männer an den Universitäten eingeschrieben, meist auch mit besseren Ergebnissen. Insgesamt fällt es Schul- und Hochschulabsolventen aber zunehmend schwer, eine Beschäftigung zu finden, die ihrem Bildungsgrad entspricht. Im Staatsdienst vieler Länder und im meist schrumpfenden staat-

---

3 Zahlen für 2015; Quelle: US Census Bureau, »Midyear population by 5-year age groups«, online verfügbar unter: {http://www.census.gov/population/international/data/idb/region.php} (Stand April 2015).

lichen Wirtschaftssektor sind die Ränge schlicht durch die älteren Generationen verstopft; oft mangelt es den Hochschulabsolventen zudem an einer praxisrelevanten Ausbildung, die sie für die private Wirtschaft attraktiv machen würde. Auch in den Golfstaaten, der wichtigsten Zielregion arabischer Arbeitsmigranten, ist es für den jungen ägyptischen Ingenieur oder die junge syrische Betriebswirtin heute nicht mehr so leicht, einen Einstiegsjob zu finden.

In vielerlei Hinsicht waren, wie oft bemerkt worden ist, die Proteste und Aufstände von 2011 deshalb auch der Protest einer Generation, die höher qualifiziert und stärker vernetzt ist als ihre Vorgänger – viele nutzen soziale Medien, viele sprechen Englisch –, die aber vergleichsweise weniger Chancen hat.

Gleichzeitig sind die Proteste und Aufstände, die, nachdem sie Anfang 2011 erst zum Sturz des tunesischen Präsidenten Ben Ali, wenig später dann zu dem seines ägyptischen Kollegen Mubarak führten, rasch die meisten arabischen Staaten erfassten, eben immer gleichzeitig politischer Protest gegen autoritäre, repressive Herrschaft und gegen die »Korruption« der Mächtigen gewesen – oft und in einigen Fällen (wie in der mehrheitlich schiitischen Ostprovinz Saudi-Arabiens und in Bahrain sowie später in den arabisch-sunnitischen Provinzen des Irak) sogar in erster Linie gegen die Marginalisierung oder Diskriminierung ethnisch definierter Bevölkerungsgruppen. Die Slogans der Proteste zeigen dies. Fast überall stand die Forderung nach Gerechtigkeit und Würde im Vordergrund, gelegentlich auch nach »Brot«. Seltener ging es explizit um Demokratie, fast immer und überall zuerst um Reformen, oft dann, wo Letzteres ungehört blieb oder mit Gewalt beantwortet wurde, bald auch um einen Wechsel an der Spitze oder den Sturz des Regimes.

Ungeachtet des konkreten Verlaufs in den einzelnen Staaten zeigten die Proteste und Aufstände, zeigten auch die unterschiedlichen Reaktionen der bedrängten Regime, dass der jahrzehntealte ungeschriebene Gesellschaftsvertrag der meisten arabischen Staaten, der sich auf eine Kombination von autoritärer, paternalistischer Herrschaft und sozialen wie wirtschaftlichen Entwicklungsleistungen gründete, nicht länger aufrechtzuerhalten war. Anders gesagt: Die Gleichung, auf der die so oft gerühmte Stabilität langlebiger arabischer Regime beruhte, funktionierte schlicht nicht mehr: teils weil die Bevölkerung sich weiterentwickelt hatte und aktiv Rechte und Reformen einforderte, teils weil die wirtschaftlichen Möglichkeiten fehlten, um das politische Ausgleichgewicht des Autoritarismus (also soziale Leistungen – Subventionen, Ausbildung, Arbeitsplätze, Wohnungen – und wirtschaftliches Wachstum) auch für eine wachsende Bevölkerung zu sichern. Viele Beobachter hatten ja gedacht, zum Teil sogar Theorien dazu entwickelt, dass die »arabischen Verhältnisse« – gemeint waren die politischen Systeme – aus sich heraus nicht zu verändern, vielmehr in einer Art Stagnationsfalle gefangen seien. Immerhin herrschte Gaddafi in Libyen seit 1969, das Asad-Regime – erst Vater, dann Sohn – in Syrien seit 1970, Salih im Jemen seit 1978, Mubarak in Ägypten seit 1981 und Ben Ali in Tunesien seit 1987.

Mit Blick auf die politischen, wirtschaftlichen und demografischen Indikatoren, die hier nicht im Einzelnen und für jedes Land analysiert werden können, spricht alles dafür, dass die gesamte Region auch unabhängig von zwischenstaatlichen Konflikten und äußerer Einwirkung erst am Beginn – und nicht etwa am Ende – einer Periode von Turbulenzen und Wandlungsprozessen steht, die kein Land, selbst diejenigen nicht, die 2011 nur mäßig erschüttert wurden und heute vergleichsweise gefestigt wirken, völlig unberührt lassen wird. Es ist gerade angesichts der demografischen Herausforderungen schlicht nicht vorstellbar, dass Gemeinwesen wie das saudische oder das iranische, die sich, bei allen Unterschieden, beide als besonders stabile Staaten präsentieren, keinen Wandel durchlaufen, sondern – in fünfzehn oder zwanzig Jahren – politisch und soziokulturell noch genauso aussehen wie heute.

Zwar lässt sich schwer abschätzen, wie dieser Wandel stattfinden wird – ob er evolutionär oder revolutionär sein wird, ob er über die Umwege von Krieg und Bürgerkrieg zustande kommt, ob Veränderungen im Rahmen bestehender Staaten stattfinden oder Staaten dabei unter Druck geraten, zerfallen oder sich neu konstituieren. Sicher ist nur, dass die Verhältnisse sich nicht einfach einfrieren lassen und dass, wie in anderen Teilen der globalisierten Welt, auch hier die Staaten, ihre Regierungen und bestimmte strategisch gut positionierte Gruppen wie etwa das Militär nicht mehr die einzigen Akteure sind. Die arabische Welt ist ebenfalls keine reine Staatenwelt mehr. Regierungen müssen vielmehr einkalkulieren, dass die Bevölkerung selbst aktiv wird. Schon hier zeigt sich, dass der Nahe und Mittlere Osten nicht mehr unbedingt der ist, den wir seit Jahrzehnten kennen.

In Saudi-Arabien ist die soziodemografische Veränderung der Gesellschaft übrigens ganz besonders spürbar. Dank eines vom im Januar 2015 verstorbenen König Abdullah eingerichteten Stipendienprogramms studieren heute an die 125 000 junge Saudis, darunter etwa ein Drittel Frauen, an ausländischen Universitäten. Viele bringen nicht nur Kenntnisse, sondern Ansprüche an ein professionelles Leben mit zurück, das den starren Vorstellungen des religiösen Establishments über die Rolle der Geschlechter nicht mehr entspricht. Die wiederholten Proteste junger, gut ausgebildeter Frauen gegen das auch in der arabischen Welt einzigartige Verbot, Auto zu fahren, sind dafür der deutlichste Ausdruck. Wie in den anderen arabischen Staaten sind auch in Saudi-Arabien junge Frauen heute nicht nur besser ausgebildet als ihre Mütter. Sie haben im Allgemeinen auch ein höheres Bildungsniveau als ihre Väter.[4] Das allein hat in einer so konservativen, patriarchalischen Gesellschaft wie der saudischen eine enorme soziale und potenziell auch politische Sprengkraft.

Dabei haben die einzelnen Staaten und Regime unterschiedliche Voraussetzungen und gehen mit politischen und gesellschaftlichen Herausforderungen unterschiedlich um. Die wirtschaftliche Ressourcenausstattung ist natürlich wichtig. Reichere, ölexportierende Staaten können Unmut und Protest eher abfedern als andere, indem sie Sozialleistungen erhöhen oder mehr Stellen im öffentlichen Dienst schaffen. Saudi-Arabien hat dafür seit 2011 sehr viel Geld in die Hand genommen und zudem auch noch befreundete Staaten, namentlich Oman, Bahrain und – seit dem Coup von 2013 – auch Ägypten, mit Milliardenhilfen unterstützt, um genau dies zu tun. Aber nicht alles ist politische Ökonomie: Die Entwicklungen in Libyen, einem Ölexportland mit einem Pro-Kopf-Einkommen, das etwa dem der Türkei entspricht,[5] haben

4 Vgl. in diesem Sinne mit einem Blick auf die Gesamtregion: Philippe Fargues, »Demography, migration and revolt in the Southern Mediterranean«, in: *Arab Society in Revolt: The West's Mediterranean Challenge*, herausgegeben von Cesare Merlini/Olivier Roy, Washington D.C.: Brookings 2012, S. 17-46, S. 24.

5 Die Staaten in der Region lassen sich ihrem Pro-Kopf-Einkommen nach grob in drei Gruppen einteilen: eine kleine Gruppe der Superreichen (Vereinigte Arabische Emirate, Kuwait, Katar) mit einem

gezeigt, dass rohstoffbasierter Reichtum allein keine Garantie für Stabilität ist. Letztlich spielt Politik – das Verhalten der politischen Führungseliten, die Frage, wie regiert wird und wie inklusiv ein Regime ist – eben doch eine ganz wesentliche Rolle. Und unabhängig vom politischen System fällt es einigen Staaten offensichtlich leichter und anderen schwerer, politischen Wandel zu bewältigen.

Identität, Konfession und Ideologie

Es mag sich zunächst banal anhören: Aber die Situation scheint in jenen Ländern der Region am wenigsten kompliziert und die staatliche Ordnung scheint dort am wenigsten gefährdet zu sein, wo es bei politischen Konflikten, Kämpfen und Revolten »nur« um die Macht oder um die Natur des politischen Systems geht, gleichzeitig aber wenig Zweifel an der historischen, kulturellen und territorialen Identität des Landes bestehen. Ägypten und

Pro-Kopf-Einkommen (Kaufkraftparität) von ca. 60 000 bis über 135 000 US-Dollar; eine mittlere Gruppe (Bahrain, Irak, Iran, Israel, Libanon, Libyen, Oman, Türkei, Saudi-Arabien) mit Einkommen zwischen 15 000 (Irak) und knapp 55 000 (Saudi-Arabien) Dollar; eine arme Gruppe (Algerien, Ägypten, Jemen, Jordanien, Marokko, Sudan, Südsudan, Syrien, Tunesien, Westbank/Gazastreifen) mit Einkommen zwischen knapp 2000 (Südsudan) und knapp 13 000 Dollar (Tunesien). Zugrunde liegen hier Zahlen der Weltbank für 2013, die allerdings auf nationalen Angaben beruhen, zum Teil unvollständig und nicht unbedingt verlässlich sind. So liegen für Syrien seit Jahren keine Daten vor, hier ist das Einkommen heute deutlich geringer einzuschätzen. Die Angaben für Kuwait, Oman, VAE und Westbank/Gaza beziehen sich auf 2012; Quelle: Weltbank, »GDP per capita, PPP«, online verfügbar unter: {http://data.worldbank.org/indicator/NY.GDP.PCAP.PP.CD} (Stand April 2015).

Tunesien zeigen dies gerade angesichts ihrer Unterschied-
lichkeit. In beiden Ländern sind die Gesellschaften in
vieler Hinsicht uneinig, sie sind sich gleichzeitig aber ihrer Identität, ihres Erbes, ihres Platzes auf der historischen und auf der politisch-geografischen Landkarte
sowie ihrer Zugehörigkeit zur regionalen Umgebung bewusst. Die Tunesier wissen, etwas vereinfacht gesagt, seit
Hannibal, wer sie sind, die Ägypter seit den Pharaonen.
Man fühlt sich als Teil der arabisch-islamischen Welt, ist
sich gleichzeitig aber auch über die eigenen Besonderhei-
ten durchaus im Klaren – die mediterrane Ausrichtung
im tunesischen Fall, die antike Hochkultur und die be-
sondere Stellung Kairos in der islamischen Geschichte
im Fall Ägyptens. All dies garantiert zwar den Erfolg politischer Übergänge und Transformationen nicht, dürfte
aber sowohl die Politik des Elitenkonsenses auf demo-
kratischer Basis, um den man sich in Tunesien bemüht,
wie der autoritären Restauration, die Ägyptens Regierung unter General Abd al-Fattah al-Sisi anstrebt, zumindest erleichtern. Selbst wenn die Legitimität des Regimes umstritten bleibt, die des Staates Ägypten ist es
nicht.

Ähnliches gilt in je besonderer Form für Marokko und
für Iran. In beiden Staaten, in Iran mehr als in Marokko,
gab oder gibt es heftige innenpolitische Konflikte. Beides
sind aber auch gefestigte Nationalstaaten mit entspre-
chendem Bewusstsein. Der Libanon lässt sich ebenfalls
in dieser Reihe nennen. Hier ist es eher die kollektive Erfahrung eines 15-jährigen Bürgerkriegs, in den man eben
nicht zurückfallen will, die dem Land eine gewisse Resi-
lienz gibt.

Ganz anders stellt sich die Situation in Syrien, in Liby-
en und im Irak dar – in allen drei Ländern finden sich relevante Gruppen, die den Staat in seiner territorialen

Form gern in einer größeren Einheit aufgehen lassen oder schlicht auflösen, sich aus ihm herauslösen wollen. Von einem gemeinsamen historischen Bewusstsein, das dem der Iraner, Ägypter oder Marokkaner entsprechen würde, kann keine Rede sein. Geschichte dient hier – wie oben schon angesprochen – eher als Folie für die Einordnung aktueller Konflikte und zur Abgrenzung unterschiedlicher ethnischer oder konfessioneller Gemeinschaften. Historiker mögen es als Ironie der Geschichte bezeichnen, dass Syrien und Irak, die beiden Staaten, die sich gern zum Herzland des arabischen Nationalismus erklären, es nicht wirklich geschafft haben, im eigenen Land ein Gefühl der Zusammengehörigkeit zu entwickeln: Wenn es, der Ideologie der arabisch-nationalistischen Baath-Partei zufolge, die beide Länder jahrzehntelang beherrscht hat, letztlich Staatsziel war, die arabischen Staaten zu vereinigen, dann hatte die Integration des eigenen Staates eben nicht die höchste Priorität.

Auch Identität ist relativ, nie absolut. Und sie ist nicht überall so heftig getestet worden wie im Irak, in Libyen oder in Syrien. Unter den größeren Ländern ist es vor allem Saudi-Arabien, in Bezug auf das sich die Frage stellt, ob genug Gemeinsamkeit und gemeinsames Verständnis vorhanden sind, um kommende Veränderungen zu bewältigen. Das Land ist dafür nicht nur materiell besser aufgestellt als etwa der Irak oder Libyen. Die meisten Bürger des Staates würden, bei aller Kritik an der Regierungspraxis, die Herrschaft des Hauses Saud wohl grundsätzlich als legitim betrachten. Gleichwohl fehlt dem Königreich nach wie vor ein überzeugendes, inklusives Narrativ, das es allen Gruppen erlaubt, sich als integraler Bestandteil eines gemeinsamen Staates zu begreifen.

Die Bewältigung von politischen Konflikten und Veränderungsdruck wird grundsätzlich schwieriger, wo diese von einer transnationalen ideologischen oder konfessionellen Polarisierung oder von regionalen und internationalen geopolitischen Konkurrenzen überlagert werden. Auf die geopolitischen Konstellationen werden wir im folgenden Kapitel ausführlicher eingehen. Wo geopolitische Ansprüche, insbesondere der Versuch, Einfluss oder Kontrolle über andere Staaten zu gewinnen, ideologisch oder konfessionell-kulturell verbrämt werden, ist die Trennung ohnehin schwierig. Auf jeden Fall gibt es in der Region eine Art »Rückkehr der Ideologie«, das heißt heftige, über die Staatsgrenzen hinaus wirkende Auseinandersetzungen um die »richtige« politische, gesellschaftliche und religiöse Ordnung.

Dabei spielt der arabische Nationalismus, die im 20. Jahrhundert stärkste ideologische Strömung in der Region, kaum noch eine Rolle. Zu sehr haben die Regime, die sich als arabisch-national definierten, versagt. Liberale, säkulare, sozialistische Strömungen sind in den meisten arabischen Staaten nie mehrheitsfähig geworden. 2011 gab es zwar tatsächlich einen demokratischen Aufbruch. Dieser hat, wie Abdulkhaleq Abdullah, ein Politikwissenschaftler aus den VAE, gelegentlich gesagt hat, zwar überall in der arabischen Welt »das Volk größer und die Regierungen kleiner« gemacht, hat also demonstriert, dass die Bevölkerung nicht nur eine mobilisierbare »Masse« darstellt, sondern politisch ernst genommen werden muss. Die Rückschläge nach der Revolution in Ägypten, namentlich das Versagen des gewählten Präsidenten und Mitglieds der Muslimbruderschaft, Muhammad Mursi, und die Restauration militärisch-bürokratischer Macht nach seinem Sturz im Sommer 2013 wie auch der Krieg in Syrien haben Hoffnungen auf eine rasche regionale demokratische Transformation allerdings zunichtege-

macht. Die bislang (und hoffentlich auch weiterhin) er-
folgreiche Konsolidierung des demokratischen Experi-
ments in Tunesien und vorsichtige Reformen in Marokko
oder Jordanien wiegen das nicht auf. Gerade in Ägypten
oder in Syrien hört man zunehmend Stimmen, die aus
Enttäuschung über die eigenen politischen Eliten und
den »Westen« oder die internationale Umwelt, von der
man sich allein gelassen fühlt, zum Ausdruck bringen,
dass »Demokratie für uns nicht gemeint ist«.

Insofern erleben die Menschen in der Region ideologische Auseinandersetzungen – im Unterschied zu Debatten um Sachfragen, die es natürlich auch gibt – derzeit
nicht als pluralistischen Meinungsstreit zwischen unterschiedlich akzentuierten liberalen, konservativen oder
sozialistischen Programmatiken, sondern hauptsächlich
als Kampf um die »richtige« Form des politischen Islam.
Die Frage, wie viel und welche Art Islam die Politik prägen sollte, geht zudem mit einer konfessionellen Polarisierung einher, vor allem zwischen Sunniten und Schiiten. Es ist, wie bereits erwähnt, nicht so wichtig, wie
konstruiert oder wie verwurzelt konfessionelle Gegensätze in einzelnen Ländern sind, solange relevante politische Akteure es schaffen, mit diesem Gegensatz Politik
zu machen. Es gibt immer beide Narrative: eines, in dem
die »ewigen«, soziokulturell tief verankerten Gegensätze zu den Schiiten, in Syrien den Alawiten, oder den Sunniten betont werden (denen man jeweils aufgrund dieser alten, historisch begründeten Gegensätze eigentlich
noch nie getraut habe), ein anderes, in dem darauf verwiesen wird, dass man im eigenen Land jahrhundertelang
konfessionsblind gewesen sei und wie eine große Familie
zusammengelebt habe – bis zu den jüngsten Auseinandersetzungen oder der Machtübernahme dieser oder jener Gruppe jedenfalls oder bis zu dem Zeitpunkt, an

dem die Iraner, die Saudis, die Türken (gelegentlich auch der Westen) begonnen hätten, mittels der Förderung der einen oder der anderen Konfessionsgruppe Politik zu machen. Und natürlich gehen diese Narrative manchmal ineinander über; Konsistenz ist in solchen Fragen kaum zu erwarten.

Es ist schon so, dass politische, soziale und auch ökonomische Netzwerke sich immer ethnischer Bindungen bedient haben. Man verlässt sich, gerade in Gesellschaften, die durch Patronage-Strukturen geprägt sind, gern auf die Mitglieder der eigenen Familie, Leute aus dem eigenen Dorf oder Viertel, aus der gemeinsamen Schul- oder Militärzeit, die in vielen Fällen aus der gleichen Konfessionsgruppe stammen. Konfessionelle Zugehörigkeit hat deshalb auch in der Vergangenheit eine Rolle in lokalen und regionalen Machtbeziehungen gespielt. Damit haben die Gesellschaften umzugehen gelernt. Gefährlich wird es eigentlich erst, wo Konfessionszugehörigkeit ideologisiert wird und wo politische, soziale oder geopolitische Konflikte konfessionalisiert werden: Die Rede ist dann etwa vom »schiitischen Halbmond« (den Teheran zu etablieren versuche) oder von einem »sunnitischen Block« (den es zur Abwehr schiitischer Hegemonieansprüche zu errichten gelte). Religiöse Polarisierungen gewinnen rasch eine Eigendynamik, in der Menschen aufgrund ihrer Konfessionszugehörigkeit kategorisiert, ausgegrenzt und im Zweifelsfall zum Feind erklärt werden. Für extremistische sunnitische Islamisten sind Schiiten schlicht »Ablehner« oder »Verweigerer« (*rafida*) des richtigen Glaubens – und damit schlimmer als Christen oder andere Nichtmuslime. In sunnitisch-arabischen Kreisen im Irak werden Schiiten, zumal solche mit Funktionen im Staat, gern als »Safawiden« diffamiert – als Angehörige einer persischen Dynastie also, die Anfang des 16. Jahrhunderts den schiitischen Islam zur Staatsreligion auf dem Gebiet des heutigen Iran machte und bis Anfang des 17. Jahrhunderts auch Bagdad und große Teile des heutigen Irak zu ihrem Reich zählte. Selbst eigentlich vernünftige Personen lassen sich in einer solchen Atmosphäre zu ideologisierten Aussagen hinreißen: Die sunnitischen Araber, so erklärte mir und anderen ein iranischer Diplomat bei einer Diskussion in Teheran, hätten es eben seit dem Zusammenbruch des Abbasiden-Kalifats nie geschafft, »gute Regierungsführung« zu etablieren. Kein Wunder, dass die Menschen dort jetzt so leicht für extremistische Gruppen wie al-Qaida oder den »Islamischen Staat« zu gewinnen seien. Zukunftsträchtig, als politisches Organisationsprinzip für die Region, sei letztlich nur die von der Schia inspirierte »religiöse Demokratie«, die man im Iran entwickelt habe.

Die sunnitisch-schiitische Polarisierung lässt sich in Syrien, im Irak, in Bahrain oder im Jemen an sehr konkreten Herrschaftskonflikten festmachen, regional zudem an der iranisch-saudischen Konkurrenz, nicht am Streit verschiedener theologischer Schulen um die richtige Auslegung des Islam. Den gibt es auch, aber er wird, in der Regel zumindest, sehr viel intellektueller ausgetragen, nicht zuletzt innerhalb der großen islamischen Konfessionsgemeinschaften. Das Ideologische liegt hier in der Essenzialisierung konfessioneller Unterschiede – man spricht deshalb auch vom Konfessionalismus – und den damit begründeten Abgrenzungen sowie in dem Anspruch, aus einem moralischen Impetus heraus zu handeln, wenn man etwa den Krieg in Syrien von außen befeuert, indem man Geld und junge Leute für den Kampf gegen, je nachdem, die Unterdrücker der Sunniten (gemeint ist in dem Fall nicht nur das Regime, sondern oft auch die Konfessionsgruppe der Alawiten) oder gegen diejenigen mobilisiert, die Alawiten, Schiiten und anderen Minderheiten eine (sunnitisch-)religiöse Tyrannei aufzwingen wollten.

Angesichts der für die regionale Politik so augenfälligen schiitisch-sunnitischen Polarisierung sollte nicht übersehen werden, wie tief die ideologischen Gegensätze – über die richtige Ordnung, den richtigen islamischen *way of life* – innerhalb des sunnitischen Islam sind. Wobei es wichtig ist, darauf hinzuweisen, dass der politische Mainstream in den meisten arabischen Staaten immer noch von liberalen und konservativen muslimischen Eliten repräsentiert wird, die mehr oder weniger fromm sein mögen, sich auch unmissverständlich zum sunnitischen Islam bekennen, den Islam dabei aber eher als Kultur – als Leitkultur ihrer Staaten und Gesellschaften, möchte man sagen – verstehen denn als konkrete Anleitung für das öffentliche Leben oder gar für die Politik. Man lebt seinen Islam in der Moderne und akzeptiert Koran und Überlieferung als Quelle allgemeiner rechtlicher und moralischer Grundsätze, die zeitgemäßer Interpretation bedürfen. Das jordanische Königshaus, die Herrscherfamilien der Vereinigten Arabischen Emirate, Kuwaits oder Omans, sicher auch Ägyptens Präsident Sisi, die palästinensische Führung um Präsident Abbas, die sunnitischen Ministerpräsidenten im Libanon – sie alle stehen für diesen Mainstream. In der Regel genießen sie auch die Unterstützung der offiziellen, meist vom Staat abhängigen sunnitischen Institutionen in ihren Ländern wie – am prominentesten – der Azhar-Universität in Kairo, die als wichtigste Lehranstalt des staatsverbundenen moderaten sunnitischen Islam gilt.

Demgegenüber stehen verschiedene Spielarten des politischen Islam oder Islamismus. Es gibt genug gute Literatur, die einen Überblick über das Spektrum politisch-islamischer Bewegungen, deren Entwicklung und interne Debatten gibt.[6] Für den Zweck dieses Essays reicht es, wenn wir uns klarmachen, dass im Nahen und Mittleren Osten derzeit drei sunnitisch-islamistische Hauptströmungen um politische und ideologische Hegemonie konkurrieren – die »Schule« der Muslimbruderschaft, die Salafisten und die Jihadisten – und dass diese Konkurrenz sich, ähnlich wie im Fall der sunnitisch-schiitischen Polarisierung, auch mit geopolitischen Positionskämpfen verbindet.

Da ist zunächst der religiöse Populismus der Muslimbruderschaft und verwandter Parteien, zu denen vor allem die türkische Regierungspartei AKP und die tunesische Nahda-Bewegung, aber auch die palästinensische Hamas gehören. Sie sind fromm, populistisch, konservativ, sehen grundsätzlich den Islam als Grundlage ihrer Politik, akzeptieren aber die Institutionen eines modernen republikanischen Staates, bekennen sich mittlerweile auch fast überall zu Demokratie, Menschenrechten und religiösem wie politischem Pluralismus. Einzelne Vertreter der ägyptischen oder syrischen Muslimbruderschaft oder der tunesischen Nahda sagen gelegentlich, man wolle die eigene Organisation in ein muslimisches Pendant zu europäischen christdemokratischen Parteien entwickeln. In der Praxis zeigen die Muslimbrüder allerdings eher eine »majoritäre« als eine demokratische Einstellung: Sie sind für Wahlen, sind gleichzeitig aber über-

6 Auf Deutsch etwa: Tilman Seidensticker, *Islamismus. Geschichte, Vordenker, Organisationen*, München: C. H. Beck 2014; zu den moderaten politisch-islamischen Bewegungen: Muriel Asseburg (Hg.), *Moderate Islamisten als Reformakteure?*, Bonn: Bundeszentrale für politische Bildung 2008; Gudrun Krämer, *Hasan al-Banna*, Oxford: Oneworld Publications 2009.

zeugt, dass sie, wo sie diese gewinnen, schließlich die Mehrheit repräsentieren und damit das Recht haben durchzuregieren. Grundsätzlich sind sie stark von den Institutionen geprägt, mit denen sie sozialisiert worden sind: Die türkische AKP hat mehr Erfahrung mit demokratischen Verfahrensweisen und Institutionen, und viele der lang ins europäische Exil verbannten Nahda-Führer haben eher den Wert von Konsensbildung und Minoritätenrechten erkannt als die ägyptischen Muslimbrüder. Die palästinensische Hamas ist wie ihr säkulares Gegenstück – die Fatah-Bewegung von Präsident Abbas – im Kampf gegen die israelische Besatzung entstanden und hat ihren Doppelcharakter als konservative Partei und militärische Befreiungsbewegung nie aufgegeben. In den regionalen politischen Auseinandersetzungen verbindet sich die ideologische »Schule« der Muslimbruderschaft heute mit der AKP-Regierung in der Türkei und mit dem Emirat Katar.

Als Nächstes haben wir es dann mit diversen salafistischen Bewegungen zu tun. Dazu gehört auch der nach dem Religionsgelehrten Muhammad Abd al-Wahhab benannte Wahhabismus, der in Saudi-Arabien durch die sehr spezielle Allianz der Gelehrtenfamilie mit dem Haus der Al-Saud zum Staatsislam geworden ist. Er ist in vieler Hinsicht rigider und puristischer als andere salafistische Schulen. So haben die Wahhabiten aufgrund ihres radikalen Monotheismus-Verständnisses, das jegliche »Götzen-« und »Gräberanbetung« ablehnt, selbst die Grabstätten der Prophetengefährten in Mekka zerstört. Salafisten sind im Allgemeinen in dem Sinne Fundamentalisten, als sie ihre Gesellschaften bewusst zurück zu den Fundamenten der Religion – dem Koran und der Praxis der Altvorderen (al-salaf), also des Propheten und seiner direkten Nachfolger – führen wollen und in diesen Fundamenten auch das wahre Modell für die Organisation von Staat und Gesellschaft sehen. In der Regel manifestiert sich dies in einer extrem konservativen und antipluralistischen Haltung. Pragmatische Kompromisse mit der technischen Moderne und mit politischen Realitäten schließt das nicht aus. Lange Zeit hat ein großer Teil des salafistischen Spektrums sich aus der Politik herausgehalten: Man kleidete sich in der Tradition des Propheten, ging seinen religiösen Pflichten nach, tat gute Werke und war ansonsten ein leidlich gesetzestreuer Staatsbürger. Zunehmend kommt es allerdings zu einer Politisierung des Salafismus. So sind in Ägypten und anderen Ländern salafistische Parteien entstanden, die auch begonnen haben, sich auf Wahlen einzulassen und mit anderen Parteien (die es ihrem strikten Verständnis nach eigentlich gar nicht geben dürfte) zusammenzuarbeiten. Im syrischen Bürgerkrieg haben die militärisch stärksten Antiregime-Gruppierungen mittlerweile fast durchgehend eine salafistische Agenda oder zumindest einen salafistischen Anstrich: Salafismus verkauft sich gut, gerade bei reichen Spendern in den Golfmonarchien.

Hier ist der Übergang oft fließend zu dem, was in Anlehnung an den arabischen Sprachgebrauch Jihadismus genannt wird: eine extrem militante, totalitäre Form des politischen Islam, die im *jihad* – der Begriff meint eigentlich die »Anstrengung« auf dem Weg Gottes – nur den gewaltsamen Kampf gegen alle Gegner sieht, ob dies nun Andersgläubige oder Abweichler sind. Die von Usama Bin Laden und seinen Gefährten einst in Afghanistan gegründete al-Qaida bleibt in vielerlei Hinsicht das Modell jihadistischer Gruppen, steht mittlerweile aber in heftiger Konkurrenz zum »Islamischen Staat« (IS) in Syrien und Irak. Al-Qaida hat sich nach dem Krieg gegen die sowjetischen Besatzer in Afghanistan rasch einem globalen Jihad gewidmet und die USA und andere westliche Staaten zu Hauptfeinden erklärt. Wie weiter unten erörtert wird, versucht der sogenannte Islamische Staat, der in dieser Hinsicht den afghanischen Taliban ähnlicher ist, in einem vom ihm kontrollierten Gebiet eine – aus Sicht seiner Führer – wahrhafte islamische Herrschaft zu verwirklichen. Ideologisch der Lehre von Muhammad Abd al-Wahhab sehr nahe, auf den sich die Führer des IS auch berufen, kann man hier durchaus von einem wildgewordenen Wahhabismus sprechen: Dieser ist dem saudischen Staatsislam zwar geistesverwandt, lehnt den saudischen Staat aber als Abweichung von der reinen Lehre ab und bekämpft ihn daher.

Für die Jihadisten der al-Qaida oder des »Islamischen Staates« ist der bewaffnete Kampf gegen Ungläubige, Häretiker und aus ihrer Sicht illegitime Regime – wie das saudische und prinzipiell alle anderen arabischen Regime – auch eine Rückkehr zum echten, unkorrumpierten Wahhabismus. Das hat Teile des saudischen Establishments, aber auch andere Akteure in der Region (darunter das ostentativ nationalistische Regime in Syrien oder den Irak unter Saddam Hussein) nicht davon abgehalten, jihadistische Gruppen dort zu unterstützen, wo dies ihren macht- und geopolitischen Interessen entsprach.

Der Raum zwischen Mittelmeer und Persischem Golf ist in vielerlei Hinsicht nicht mehr der »Nahe Osten, wie wir ihn kennen« – oder zu kennen glaubten. Das gilt, wie angedeutet, für die Beziehungen zwischen Bevölkerung und Herrschaftseliten, für die innere Verfasstheit der Staaten, nicht zuletzt aber für die Kräfteverhältnisse und Mächtebeziehungen innerhalb der Region. Wir können den weiteren Ereignisverlauf nicht vorhersehen, wohl aber versuchen, relevante Trends zu identifizieren, die heute wirken und somit auch die Rahmenbedingungen der näheren Zukunft prägen – selbst wenn sie sich früher oder später verändern oder gebrochen werden. Der Megatrend dabei scheint der Zerfall der regionalen Ordnung zu sein – ohne dass jemand da wäre, der sie wieder zusammenbaut.

Die defensive Geopolitik internationaler Mächte

Es liegt eine gewisse Ironie darin, dass in einer Phase, wo das einst von europäischen Mächten errichtete, allgemein als Sykes-Picot-Ordnung bekannte Staatensystem sich aufzulösen scheint, viele regionale Beobachter und Kommentatoren davon ausgehen, dass die Großmächte dieser Tage – also die USA, China, die EU und vielleicht auch Russland – dem Nahen Osten irgendwie ein neues System von Staaten und Grenzen verpassen würden. Wer Anfang 2015 auf Arabisch bei Google nach dem Begriff »neues Sykes-Picot« suchte, erhielt jedenfalls über 350 000 Ergebnisse.

Realistisch sind diese Erwartungen kaum. Der allgemeine Zustand des internationalen Systems mit seiner multipolaren Gewichtsverteilung und die Erfahrungen mit den Krisen und Konflikten im nah- und mittelöstlichen Raum sorgen eher dafür, dass die wichtigsten externen Mächte – neben den genannten wäre das in erster Linie noch Indien – zwar bestimmte Interessen im Nahen und Mittleren Osten haben, sich gleichwohl aber so weit wie möglich aus den inneren Konflikten der Region herauszuhalten versuchen.

Am deutlichsten wird dies in der amerikanischen Politik unter Präsident Obama. Seit dessen Amtsantritt ist Washington darauf bedacht gewesen, amerikanische Kriegseinsätze in der Region zu beenden und andere Krisen nach Möglichkeit so zu bearbeiten, dass eine kriegerische Verwicklung, zumindest mit *boots on the ground*, also mit einer nennenswerten Präsenz eigener Truppen vor Ort, vermieden wird. Zu diesem Ziel passten auch die wiederholten (und mehrfach gescheiterten) Bemühungen der Obama-Regierung um ein Abkommen zwischen Israel und der Palästinensischen Autorität und der Versuch, eine diplomatische Lösung für den Atomstreit mit Iran zu finden.

Anders als zu Beginn des 21. Jahrhunderts, als Europäer und Amerikaner ein – wie sich zeigen sollte – lang anhaltendes militärisches Engagement in Afghanistan eingingen und die USA dann 2003 zusammen mit wenigen europäischen Partnern in den Irak einmarschierten, betreiben die wichtigsten internationalen Akteure heute der Region gegenüber eher eine defensive Geopolitik: Man versucht zwar, eigene Interessen zu wahren und zu schützen sowie regionale Partner zu stärken, setzt generell aber in erster Linie auf die Abwehr von Risiken und die Eindämmung von Konflikten in der Region. Das gilt, je nachdem, für syrische Chemiewaffen, für Migranten und Flüchtlinge oder für zurückkehrende Jihadisten. Es zeigt sich auch in der Begrenzung des Krieges gegen den »Islamischen Staat« auf Luftangriffe, Ausrüstungs- und Ausbildungshilfe. Auf jeden Fall geht es nicht darum, Regimewechsel zu forcieren oder Staaten in der Region neu zu ordnen. China hat sich in dieser Hinsicht ohnehin immer zurückgehalten; die meisten Europäer haben schon die Irak-Politik von George W. Bush abgelehnt und sind – wie zuvor bereits Russland bzw. die Sowjetunion – durch ihre Afghanistan-Erfahrungen skeptischer geworden, was ihre Möglichkeiten im Hinblick auf umfassende Transformationsprozesse in Ländern außerhalb des eigenen Kulturkreises anbelangt. Die USA schließlich haben aus dem Irak-Krieg gelernt.

Wenn Europäern und Amerikanern, gelegentlich auch Russen, in der Vergangenheit vorgeworfen worden ist, sich zu sehr in die Angelegenheiten der Region einzumischen, müssen sie sich heute eher – manchmal aber auch gleichzeitig – mit dem Vorwurf auseinandersetzen, die Menschen der Region alleinzulassen. Augenscheinlich planen sie weder, die regionale Landkarte neu zu entwerfen, noch langfristige Truppenpräsenzen, um gescheiterte Staaten wieder aufzubauen oder gar einen Frieden in Syrien oder anderen Konfliktgebieten zu erzwingen. Ein neues »Great Game« – eine umfassende strategische Konkurrenz um Alliierte und Einflussgebiete im Nahen und Mittleren Osten – sehe ich, anders als der von mir allgemein sehr geschätzte amerikanische Analyst Anthony Cordesman, jedenfalls nicht.[1] In der Konsequenz

---

1 Vgl. Anthony Cordesman, »The New ›Great Game‹ in the Middle East: Looking Beyond the ›Islamic State‹ and Iraq«, Center for Strategic & International Studies, 9. 7. 2014.

heißt das, dass die Dynamiken der Region in erster Linie durch lokale und regionale Akteure geprägt sein werden.

Regionale Staaten allein zu Haus

Schauen wir uns, ohne zu sehr in die Einzelheiten zu gehen, die wichtigsten Akteure der regionalen Staatenwelt einmal an: Hier hat sich gegenüber der Situation im Jahre 2011 oder den Jahren davor zwar nicht alles, aber doch einiges geändert. Nicht wenige Staaten sind vor allem mit sich selbst beschäftigt, haben sich aus der regionalen Politik weitgehend herausgezogen oder versuchen, sich gegen die Turbulenzen so gut wie möglich zu schützen. Zu den Staaten, die eine mehr oder weniger aktive geopolitische Rolle spielen, gehören vor allem Iran und Saudi-Arabien, ferner Ägypten und die Türkei, die kleineren, aber aktiven Golfmonarchien Katar und VAE, in begrenztem Maße auch Israel. Syrien und der Irak befinden sich im Zentrum des Sturms oder, genauer gesagt, der politischen, geopolitischen, ideologischen und konfessionellen Auseinandersetzungen in der Region.

Iran, die große, nichtarabische Macht im Mittleren Osten, sieht sich selbst und wird vor allem auch von Beobachtern aus den arabischen Anrainern des Persischen Golfs als geopolitischer Nutznießer der Entwicklungen seit 2011 gesehen. Iran war zwei Jahre zuvor durch die »grüne« Protestbewegung gegen die umstrittene Wiederwahl des damaligen Präsidenten, Mahmud Ahmadinejad, erschüttert worden, fühlte und präsentierte sich dann aber angesichts der arabischen Turbulenzen als Hort der Stabilität. Teheran betrachtete die Aufstände und Proteste in Ägypten, Tunesien, Bahrain und anderen arabischen Staaten – nur der Aufstand in Syrien passte nicht ins iranische Bild – als ein »islamisches Erwachen« gegen prowestliche Regime. Bestätigt sah man sich darin durch die Wahlsiege der Muslimbruderschaft in Ägypten und der Nahda-Bewegung in Tunesien – beides zwar sunnitische Bewegungen, denen man sich trotz des konfessionellen Gegensatzes in der politisch-religiösen Führung Irans aber ideologisch verbunden fühlt. Iran versucht sich schon aufgrund des Minderheitenstatus der Schia innerhalb des Islam und in der arabischen Welt dort nicht als schiitische Macht, sondern als Modell einer islamischen Demokratie zu präsentieren. Nun ist die Islamische Republik Iran zwar keineswegs so demokratisch, wie iranische Propagandisten behaupten, sie hat aber zweifellos mehr demokratische Elemente aufzuweisen als die meisten anderen Staaten der Region. Auch deshalb waren der Sturz des islamistischen ägyptischen Präsidenten Mursi und der Machtverzicht der tunesischen Nahda-Bewegung aus Teheraner Sicht enttäuschend.

Seine geopolitische Position hat Iran trotz dieser Rückschläge verbessert. So wurde Teheran seit dem militärischen Abzug der USA zur mit Abstand wichtigsten Einflussmacht im Nachbarland Irak; in Syrien ist es seit Beginn des dortigen Bürgerkriegs zu einem nicht mehr ignorierbaren Akteur geworden; im Libanon blieb es mittels der Teheran eng verbündeten schiitischen Hizbullah eine Art politische Vetomacht; und auch im Jemen gewann es im Jahre 2014 über die Rebellenbewegung der Huthis politischen Einfluss. Zwar wurde Iran – ähnlich wie Russland – wegen seiner Unterstützung des syrischen Regimes unter Präsident Asad von westlichen und arabischen Mächten heftig kritisiert; in Iran selbst war die Hilfe für das Asad-Regime, dessen Brutalität im Umgang mit seinem eigenem Volk kaum zu übersehen war, nicht überall populär. Aus strikt realpolitischer Perspektive hat sich die iranische Haltung aber, wie iranische Analysten manchmal selbstbewusst erklären, gelohnt: Immerhin habe Teheran seine Fähigkeit bewiesen, das Überleben des von so vielen anderen Staaten schon abgeschriebenen Asad-Regimes zu sichern und damit auch gezeigt, dass Iran eine regionale Macht sei, an der niemand vorbeikäme. Tatsächlich ist fraglich, ob Asad sich ohne das Geld aus Teheran und, mehr noch, ohne die militärische Unterstützung durch die Hizbullah-Kämpfer sowie die Ausbildungshilfe der iranischen Revolutionsgarden hätte halten können. Sei dies, wie es sei. Wichtig ist, aus iranischer Sicht jedenfalls, dass heute selbst die USA, die Vereinten Nationen und wichtige Teile der syrischen Opposition kaum Chancen sehen, ohne die Mitwirkung Irans ein Ende des syrischen Bürgerkriegs zu erreichen.

Iran hat seine regionale und internationale Stellung aber auch durch eine Veränderung im Innern befördert. Irans 2013 gewählter neuer Präsident, Hassan Rohani, bemühte sich aktiv um eine Verbesserung des Verhältnisses zu westlichen Staaten, nicht zuletzt durch eine aktive und pragmatischere Fortführung der Atomverhandlungen mit den USA und der vom UN-Sicherheitsrat beauftragten Gruppe der »EU 3 plus 3« (USA, Russland, China, Frankreich, Großbritannien, Deutschland), seit dem Erstarken des sogenannten Islamischen Staates zudem durch eine zwar indirekte, aber sehr konkrete Kooperation mit den USA im Irak.

Die Unterstützung des Asad-Regimes hat gleichzeitig die Differenzen Irans mit anderen Regionalmächten unterstrichen. Schließlich hatten sich sowohl die Türkei wie die arabischen Golfmonarchien in Syrien deutlich auf Seiten der Opposition positioniert. Der schärfste Gegensatz bestand und besteht dabei zu Saudi-Arabien, das sich eben auch als führender muslimischer Staat, als Schutzmacht der Sunniten – gerade in Syrien, im Libanon und im Irak – und als Vormacht am Golf versteht und, obwohl offizielle Vertreter beider Seiten dies so nicht gelten lassen wollen, in jeder Hinsicht mit Teheran um regionale Hegemonie konkurriert.

Für *Saudi-Arabien* waren die arabischen Proteste und Aufstände ein Schock, und man brauchte in Riad einige Zeit, um sich auf die Veränderungen einzustellen. Die saudische Führung war konsterniert, dass die USA den ägyptischen Präsidenten Husni Mubarak, immerhin einen der wichtigsten Verbündeten Washingtons, einfach fallen ließen. Man war besorgt, dass es auch in schwächeren befreundeten Staaten wie Bahrain oder in Jordanien zu Umstürzen kommen könnte. Und man war tief beunruhigt über die Wahlerfolge der Muslimbruderschaft in Ägypten und Tunesien. Immerhin bieten die Muslimbrüder mit ihrer Weltanschauung ein Konkurrenzmodell zur wahhabitischen Form islamischer Herrschaft, das gerade für jene Saudis und Saudierinnen attraktiv ist, die sich trotz ihrer durch und durch islamischen Sozialisation mehr Freiheit und Mitspracherechte wünschen.

Aus der Verärgerung über die Haltung der USA erwuchs allmählich ein tiefes Misstrauen: Man vermutete in Washington Sympathien für die Muslimbruderschaft, sah mit Unverständnis, dass Präsident Obama zwar Baschar al-Asad zum Rücktritt aufforderte, aber wenig tat, um dessen Abgang zu befördern, und war zunehmend in Sorge, die USA, auf deren Schutz man sich seit Mitte des 20. Jahrhunderts verlassen hatte, könnten eine Lockerung der engen bilateralen Bindungen anstreben. Schließlich produziert Amerika selbst immer mehr Öl und Gas und ist immer weniger auf Energielieferungen vom Persischen Golf angewiesen. Und Washingtons Verhandlungen mit Teheran nährten – gerade in diesem Zusammenhang – saudischerseits die Befürchtung, die USA könnten einen *grand bargain* (eine umfassende Verständigung) mit Iran suchen, der letztlich die Stellung und vielleicht auch die Sicherheit Saudi-Arabiens beeinträchtigen würde.

Saudische Politik reagierte nicht unbedingt kohärent, aber mit zunehmendem Aktivismus. Ende 2013 ließ Riad mitteilen, das Königreich verzichte aus Protest gegen die Untätigkeit der internationalen Gemeinschaft auf den Sitz im UN-Sicherheitsrat, für den das Land gerade gewählt worden war. Viele Beobachter fragten sich, ob das saudische Außenministerium, das immerhin eine intensive Kampagne für diese Wahl betrieben hatte, bei dieser Entscheidung überhaupt involviert war. Saudische Kritiker bemängeln gelegentlich, dass Riad selbst wenig diplomatische Aktivitäten entfaltet und, anders als der iranische Konkurrent, nicht häufiger mit Ideen und Initiativen zur Lösung von Kriegen und Konflikten in der Region auftritt.[2] Aber auch die eher robusten Aktivitäten Saudi-Arabiens haben dem Königreich eine eindeutige Führungsrolle innerhalb der arabischen Welt verliehen. So unterstützte Riad andere durch Proteste herausgeforderte Monarchien nicht nur finanziell, sondern entsandte zudem Truppen nach Bahrain, um das dortige Königshaus im Konflikt mit der überwiegend schiitischen Opposition zu stabilisieren. Man entschied sich früh dazu, die sy-

2 So etwa der saudische Journalist Jamal Khashoggi, »The Arab world needs a fatherly Saudi Arabia«, in: *Alarabiya.net* (3. Juni 2014), online verfügbar unter: {http://english.alarabiya.net/en/views/news/middle-east/2014/06/03/The-Arab-world-needs-a-fartherly-Saudi-Arabia.html} (Stand April 2015).

rischen Aufständischen zu unterstützen, wobei Teile der saudischen Führung sich nicht scheuten, Gruppen zu fördern, die später im sogenannten Islamischen Staat aufgingen. Aus saudischer Sicht ging und geht es in Syrien nicht zuletzt darum, eine Ausdehnung des iranischen Einflusses in der Levante zu verhindern. Für einige der Falken im Königreich war dies nicht nur ein geopolitischer Hegemonialkonflikt zwischen Riad und Teheran, sondern eben auch Teil der historischen Auseinandersetzung mit den Schiiten, bei der man mit Blick auf Klienten oder Verbündete nicht zu wählerisch sein dürfe. Andere Vertreter des Königshauses, nicht zuletzt Innenminister Muhammad bin Nayef, der Anfang 2015 nach dem Tod König Abdullahs zum stellvertretenden Kronprinzen und damit zur Nummer drei im Königreich aufstieg, sahen in den jihadistischen Gruppen, die in Syrien gegen das Asad-Regime kämpften, mittelfristig auch eine Gefahr für das eigene Land und bemühten sich, junge Saudis an der Ausreise ins Kampfgebiet zu hindern.

Das Auftreten Riads in seiner Nachbarschaft wurde unmittelbar nach dem Wechsel von König Abdullah zu König Salman bin Abd al-Aziz sogar noch bestimmter. Am deutlichsten zeigt sich das im Jemen. Während man 2012 den damaligen jemenitischen Präsidenten mit Druck und Anreizen zum Amtsverzicht bewegt hatte, griff Saudi-Arabien nun mit seiner Luftwaffe ein, um die Huthi-Rebellen und deren Unterstützer wieder aus Sanaa und anderen Städten zu vertreiben. Dabei handelt es sich um mehr als das, was Militärs gemeinhin »begrenzte Luftschläge« nennen: Saudi-Arabien setzte bis zu einhundert Kampfflugzeuge ein, mobilisierte 150 000 Mann seiner Streitkräfte entlang der saudisch-jemenitischen Grenze und brachte gleichzeitig eine Koalition arabischer Staaten zusammen, darunter Ägypten, Jordanien, Marokko und Sudan, die die Intervention mit eigenen Flugzeugen unterstützten oder dies zumindest versprachen. Auch die USA leisteten Hilfestellung, indem sie saudische Flugzeuge in der Luft betankten und nachrichtendienstliche Informationen lieferten. Riad stellte sich mit den Luftschlägen an die Seite des legitimen jemenitischen Präsidenten Abed Rabbo Mansur Hadis, den die Huthis zunächst aus der Hauptstadt und dann auch aus Aden vertrieben hatten. Die Huthis erhielten dabei die Unterstützung von Teilen der Streitkräfte, die Ali Abdullah Salih, dem Vorgänger Hadis, loyal geblieben waren. Salih, gegen dessen Regime die Huthis früher selbst einen langanhaltenden Kleinkrieg geführt hatten, unterstützte diese nun, um sich selbst beziehungsweise seinen Sohn Ahmad für eine Neuverteilung der Macht in Sanaa in Stellung zu bringen.

Für Riad gab es zweifellos mehr als einen Grund zur Beunruhigung: Denn erstens brach mit der Machtübernahme der Huthis und ihrer Verbündeten aus dem alten Regime eine politische Konstruktion zusammen, die die Saudis selbst mit auf den Weg gebracht hatten. Dabei rächte sich auch, dass Saudi-Arabien in den Jahren zuvor die konservative Islah-Bewegung, die fest in der Stammesstruktur des Nordens verwurzelt, gleichzeitig aber auch mit der Muslimbruderschaft verbunden ist, zu isolieren versucht hatte.

Zweitens förderte die Zurechnung der Huthis zur Schia angesichts der allgemeinen konfessionellen Polarisierung in der Region auch eine Konfessionalisierung der Politik im Jemen. Dies spielte der vor allem im ehemaligen Südjemen recht starken »Al-Qaida auf der Arabischen Halbinsel« in die Hände, die sich nun als Verteidigerin der jemenitischen Sunniten zu präsentieren versuchte. Tatsächlich sind die Huthis wie auch der ehemalige Präsident Salih und etwa ein Drittel der Jemeniten insgesamt Zaiditen. Diese Konfessionsgemeinschaft gehört im weitesten Sinne zur Schia; der Glaubenspraxis nach sind die Zaiditen den Sunniten allerdings ähnlicher. Ihr Schiitentum ist zwar nicht »erfunden«, es hat aber früher keine wesentliche Rolle gespielt: Die zaiditischen Imame, die den Jemen bis zu ihrem Sturz und der Ausrufung der Republik im Jahre 1962 regierten, galten als eine weitere konservative Monarchie auf der Halbinsel und als gute Verbündete Saudi-Arabiens. Auch Ali Abdullah Salih konnte sich die meisten Jahre seiner langen Herrschaft auf saudische Unterstützung und die mächtiger sunnitischer Stämme verlassen.

Die Regierung des gewählten jemenitischen Präsidenten Hadi geriet jedenfalls unter den doppelten Druck von Huthis und al-Qaida. Als Hadis Regierung die wichtigsten Militärbasen aufgeben musste, zogen, drittens, die USA ihre Spezialkräfte ab, die zuvor regelmäßig mit Drohnenangriffen gegen Al-Qaida-Zellen vorgegangen waren. Prinzipiell würde Saudi-Arabien wohl mit einer von den Huthis und Salih dominierten Regierung im Jemen viel besser klarkommen als mit einem Nachbarland, das im Chaos versinkt und al-Qaida freien Raum bietet. Da die Huthis aber, viertens, von iranischen Revolutionsgardisten bei der Ausbildung ihrer Truppen unterstützt wurden, sah man in Riad hier auch noch iranischen Einfluss am Werk – und das im eigenen Hinterhof. Die iranische Unterstützung der Huthis war selbst nach amerikanischer Einschätzung begrenzt, und von einem Stellvertreterkrieg ließ sich bis zum Frühjahr 2015 jedenfalls ernsthaft nicht reden. Gleichwohl eröffnete sich aus saudischer Sicht hier ein weiterer Schauplatz des iranisch-saudischen und schiitisch-sunnitischen Konflikts um regionale Hegemonie.

Die rasche und harte militärische Reaktion Saudi-Arabiens auf die jemenitischen Entwicklungen stellte in jedem Fall eine weitere Abkehr von der sonst eher vorsichtigen Nachbarschaftspolitik des Königreichs dar. Ironischerweise unterstützten die USA die saudischen Militärschläge, ohne darin eine erfolgversprechende Strategie zu sehen. Im Wesentlichen ging es wohl darum, Riad Solidarität zu signalisieren und den eigenen Einfluss im Königreich nicht weiter zu schwächen. In der Tat konnte niemand davon ausgehen, dass eine noch so lange Bombenkampagne ausreichen würde, um eine legitime, aber machtlose Regierung zu reinstallieren. Wenn Riad zur Rückkehr von Stabilität und Staatlichkeit im Jemen beitragen will, wird es wohl zu jener Form der Stammesdiplomatie zurückkehren müssen, mit der es über Jahrzehnte versucht hat, dort eine gewisse Balance zu erhalten. Dabei wird man auch die Huthis nicht mehr ausschließen können. Das militärische Eingreifen Riads hat zunächst einmal einen lokalen tribalen Machtkonflikt auf die regionale, geopolitische Ebene gehoben und die Spannungen in der Region weiter angeheizt. Gleichzeitig hat die neue saudische Führung damit sehr deutlich den Führungsanspruch Riads am Golf und in der arabischen Welt unterstrichen.

Vor diesem Hintergrund sah Saudi-Arabien, im Unterschied zu anderen Ölexporteuren, im Verfall der Ölpreise seit Mitte 2014 eher eine Chance, die regionalen Machtgewichte zu verschieben und den iranischen Konkurrenten zu schwächen, der Ausfälle eben nicht durch eine Erhöhung der Produktion und des Exports kompensieren kann. Die konfessionell aufgeladene Konkurrenz zum Nachbarn östlich des Persischen Golfs bildete aber nur eine Frontlinie saudischer Regionalpolitik. Die zweite war der Kampf gegen die ideologische Herausforderung der Muslimbruderschaft. Riad hatte deshalb den Coup gegen Ägyptens Präsident Mursi unterstützt und das Regime des Generals und späteren Präsidenten Sisi mit Milliardenhilfen über Wasser gehalten. Ob Riad diese Unterstützung angesichts fallender Ölpreise in vollem Umfang fortführen wird, wird sich zeigen. Die neue saudische Führung scheint zumindest Teile der Muslimbruderschaft, in Syrien beispielsweise, eher als potenzielle Verbündete zu betrachten. Dabei zieht sie ein stabiles Militärregime, gerade in Ägypten, einer gewählten, von der Muslimbruderschaft dominierten Regierung in jedem Fall vor. Grundsätzlich agiert die saudische Regierung hier wie in einigen anderen Fragen der regionalen Politik in engem Schulterschluss mit der Führung der VAE: Beide, Saudi-Arabien und die Emirate, sind seit Herbst 2014 mit eigenen Kampfjets an der US-geführten Koalition gegen den »Islamischen Staat« beteiligt; die VAE unterstützen auch den saudischen Militäreinsatz gegen die Huthis. Sie haben einige ihrer Flugzeuge überdies von Ägypten aus gegen Ziele der von den Muslimbrüdern unterstützten Allianz in Libyen eingesetzt.

Die Führung Saudi-Arabiens wird nicht von allen Golfmonarchien vorbehaltlos akzeptiert. *Katar*, das dank seiner Gasexporte nach Pro-Kopf-Einkommen reichste arabische Land – gleichzeitig mit gerade einmal 200 000 Staatsbürgern in dieser Hinsicht das kleinste – ist jederzeit bereit, seine Eigenständigkeit unter Beweis zu stellen, um sich einen Platz auf der regional- und weltpolitischen Landkarte zu sichern. Dazu kann eine Fußballweltmeisterschaft dienen oder eben aktive Versuche, in der regionalen Politik weit oberhalb der eigenen Gewichtsklasse zu boxen. Katar hat sich immer bemüht, diplomatische Kanäle zu allen Staaten und Bewegungen offenzuhalten – dazu gehören Israel und die USA genauso wie die verschiedensten palästinensischen Gruppen, die Nusra-Front, die afghanischen Taliban, die Regierung Sudans oder die Guerillabewegungen im sudanesischen Darfur. Das diente sowohl der eigenen Absicherung wie auch dem Ziel, gegebenenfalls eine Mediationsrolle spielen zu können. Schließlich hat Katar sich neben der Türkei zum wichtigsten Unterstützer der Muslimbruderschaft, der palästinensischen Hamas und, in der kurzen Ära Präsident Mursis, Ägyptens entwickelt – teils, wie es scheint, aus ideologischer Nähe, teils wohl auch, um ein Gegengewicht gegen die Macht Saudi-Arabiens aufzubauen. Kein Wunder, dass es darüber zu heftigen Konflikten mit Riad kam, die bis zum temporären Abzug der Botschafter Saudi-Arabiens und der VAE ging.

Die *Türkei* hatte wie Katar auf die Muslimbruderschaft in Ägypten und anderen Ländern gesetzt. Man sah deshalb in Präsident Mursi einen engen Partner, ebenso in den syrischen Muslimbrüdern, die eine führende Rolle in der moderaten Antiregime-Opposition in Syrien spielen. Generell hoffte man in Ankara, dass zumindest in einigen der arabischen Länder das türkische Staatsmodell, aber auch das Modell der AKP als einer dem eigenen Anspruch nach konservativen, islamisch-demokratischen Partei als Vorbild betrachtet würde. Die Aufstände in der arabischen Welt hatten die AKP-Regierung, die bis dahin eine vorsichtige, realpolitisch motivierte Politik unter dem Motto »Null Probleme mit den Nachbarn« verfolgt hatte, einen idealistischen – oder ideologischen – Schwenk vollziehen lassen. Seit klar geworden war, dass der syrische Machthaber Baschar al-Asad die Protestbewegung militärisch niederzuschlagen suchte, setzte Ankara auf die Unterstützung gleichgesinnter Bewegungen und Regierungen und bemühte sich aktiv um einen Regimewechsel im Nachbarland.

Zeitweise schien es so, als könne die Türkei auf diese Weise nicht nur ihre starke wirtschaftliche Stellung ausbauen, sondern auch größeres politisches Gewicht in der arabischen Welt gewinnen. Bestimmte Berater und Kommentatoren im Umfeld der türkischen Regierung und auch einige der führenden AKP-Politiker sahen schon so etwas wie einen neoosmanischen Raum entstehen, in dem man sich sowohl an der heutigen Türkei wie auch an der gemeinsamen osmanischen Geschichte orientieren würde. Die Romantisierung des Osmanenreichs durch Präsident Erdogan und seine Anhänger wird allerdings in den arabischen Staaten, die bis 1918 unter osmanischer Herrschaft standen, so nicht geteilt. Bald zeigte sich auch, dass eine solche Ausrichtung die Türkei vor allem in Konflikte mit ihren direkteren und ferneren Nachbarn hineinzog, Einflussgewinne aber ausblieben. So war der Sturz des ägyptischen Präsidenten Mursi eine herbe Niederlage für die türkische Nahostpolitik. Auch dass es Ankara nicht gelang, westliche Staaten zu einer aktiveren Hilfe für die syrische Opposition, etwa durch die Einrichtung einer Flugverbotszone über Syrien oder Teilen Syriens zu bewegen, schwächte ihre Position und die der von ihr unterstützten syrischen Opposition. Dass man sich schließlich in Libyen auf die Seite jener der beiden konkurrierenden Regierungen stellte, die von der Muslimbruderschaft mit getragen wurde, wirkte da eher wie ein Nachhutgefecht. Der einzige, wie es scheint, haltbare Erfolg türkischer Nachbarschaftspolitik blieb der Aufbau starker partnerschaftlicher Beziehungen zur Kurdischen Regionalregierung (KRG) im Irak. Zeitweise gingen diese Beziehungen allerdings auf Kosten des Verhältnisses zur irakischen Regierung, insbesondere als die KRG begann, eigenständig Öl über die Türkei zu exportieren – die Türkei der KRG also faktisch dabei half, sich wirtschaftlich unabhängig von der Zentralregierung zu machen. Ankara erregte zudem durch eine zweideutige Haltung gegenüber dem sogenannten Islamischen Staat das Misstrauen mehrerer regionaler und internationaler Partner. So hatte die Türkei zumindest lange Zeit wenig Anstrengungen unternommen, den über ihr Territorium laufenden Nachschub von Kämpfern und gelegentlich auch von Geld und Waffen für den IS zu stoppen, während sie es gleichzeitig den syrisch-kurdischen Enklaven entlang der türkischen Grenze schwer machte, sich über das Gebiet der Türkei zu versorgen. Einiges spricht dafür, dass der türkische Geheimdienst zeitweise sogar selbst Waffen oder Munition an Al-Qaida- oder IS-Kämpfer geliefert hat.[3] Dies mag der verbreiteten Geheimdienstpraxis gedient haben, auf diese Weise Zugänge auch zu gefährlichen und feindlichen Organisationen zu gewinnen. Nicht wenige arabische und kurdische Beobachter vermuten, dass Ankara zwar selbst berechtigte Sorge vor einem Anwachsen jihadistischer Gruppen im eigenen Land habe, den IS aber als eine Karte im regionalen Machtpoker betrachte, über die man das Asad-Regime schwächen könne und die sich gegebenenfalls auch nutzen lasse, um die Autonomiebestrebungen syrischer oder türkischer Kurden in Schach zu halten.

Die Türkei wird allein aufgrund ihrer Größe, ihrer wirtschaftlichen und gesellschaftlichen Vernetzung durch Handel, Investitionen und Dienstleistungen ein wichtiger Akteur auf der regionalen Bühne bleiben. Dabei ist es wahrscheinlich, dass Ankara aus den begrenzten Er-

---

3 Vgl. etwa Fehim Taştekin, »Turkish military says MIT shipped weapons to al-Qaeda«, in: *Almonitor* (15. Januar 2015), online verfügbar unter: {http://www.al-monitor.com/pulse/originals/2015/01/turkey-syria-intelligence-service-shipping-weapons.html#} (Stand April 2015).

folgen seiner weltanschaulich-historisch inspirierten Einflusspolitik in der Nachbarschaft früher oder später die Lehre ziehen wird, dass türkische Politik am besten fährt, wenn sie auf Versuche, die regionale Ordnung zu manipulieren, verzichtet, stattdessen ihre kulturelle *soft power*, ihre enge wirtschaftliche Bindung an die EU, ihren eigenen Status als aufstrebende Wirtschaftsmacht und Mitglied der G20 wie auch als NATO-Mitglied spielen lässt und dabei versucht, zu möglichst allen regionalen Akteuren konstruktive Beziehungen zu unterhalten. Aus Sicht der meisten arabischen Länder wie auch Israels und Irans ist es allemal interessanter, wenn eine in Europa und im westlichen Bündnis verankerte Türkei gutnachbarschaftliche Beziehungen zu den Staaten der Region unterhält und vielleicht größeres Verständnis für deren Anliegen mitbringt, als wenn sie sich als mittelöstliche Großmacht definiert und in regionalen Konflikten Partei ergreift.

Ägypten bringt das Gewicht einer regionalen Großmacht mit, selbst wenn es dieses nicht aktiv in die Waagschale wirft. Ägypten ist das der Bevölkerungszahl nach größte arabische Land, es liegt geografisch und stand in den meisten Phasen der jüngeren Geschichte auch politisch und kulturell im Zentrum der arabischen Welt und des Nahen Ostens. Dies wird auch durch die Bedeutung der Azhar-Universität als wichtigster Lehranstalt des sunnitischen Islam und durch den Sitz der Arabischen Liga am Tahrir-Platz in Kairo unterstrichen.

Was immer Ägypten bewegt, geht an der Region nicht vorbei. Das gilt auch, wenn das Land vor allem mit sich selbst beschäftigt ist. Die Revolution von 2011, die dem Tahrir-Platz global Bekanntheit verlieh, ihre Nachwirkungen, die kontroverse Präsidentschaft Mursis, der Putsch – oder wie es in den offiziellen ägyptischen Medien heute heißt, die Revolution – gegen Mursi: all dies konnte und kann von der regionalen Umwelt nicht ignoriert werden. Ägypten hat oft eine nicht unbedingt geplante, aber faktische Avantgarderolle in der Region gespielt, gleich ob es sich dabei um politische Debatten und Strömungen oder um politische und geopolitische Kursänderungen mit regionaler Bedeutung handelte: Hier entstand die Muslimbruderschaft; hier wurde die PLO gegründet; kein anderer arabischer Staat hätte es sich leisten können, als Erster Frieden mit Israel zu schließen.

Ein revolutionäres Ägypten inspiriert Proteste und Aufstände auch in anderen Staaten der Region; ein stabiles, in sich ruhendes Ägypten wird anderen Staaten zur Orientierung dienen und kann dabei seine regionalen Ordnungsvorstellungen befördern; ein zerrissenes oder isoliertes Ägypten ermutigt im Zweifelsfall andere dazu, das immer fragile nah- und mittelöstliche Gleichgewicht durch risikoreiche Manöver zu gefährden. Insofern ist es nur konsequent, dass Saudi-Arabien, die VAE oder Kuwait, die ein vitales Interesse an der Wahrung des regionalen Status quo haben, sich mit erheblichem finanziellen Aufwand bemühen, Ägypten zu stabilisieren. Diese Zahlungen – die sich in den eineinhalb Jahren nach dem Sturz Mursis auf etwa 23 Milliarden Dollar belaufen haben sollen – machen Ägypten unabhängig von westlicher Finanz- und Entwicklungshilfe mit ihren politischen Konditionalitäten, schaffen aber wenig Anreize, notwendige wirtschaftliche oder politische Reformen durchzuführen.[4]

4 Diese Zahlungen entsprechen nahezu neun Prozent des ägyptischen Bruttoinlandprodukts (Quelle: Weltbank, Daten für 2013); vgl. insgesamt Stephan Roll, *Auf Sand gebaut: Ägyptens fragwürdige Strategie für Wachstum und Entwicklung*, SWP-Aktuell 2015/A 25 (März 2015).

Während der kurzen Präsidentschaft Mursis bemühte man sich in Kairo aktiv, die regionale Rolle Ägyptens zurückzugewinnen, dabei westliches Misstrauen gegen den Muslimbruder-Präsidenten auszuräumen und gleichzeitig die islamische Dimension ägyptischer Außenpolitik zu betonen. So nutzte Mursi Ende 2012 seine guten Beziehungen zur palästinensischen Hamas, um einen Waffenstillstand mit Israel zu vermitteln – und zwar in enger Abstimmung mit Washington. Mursi bemühte sich auch, mit Iran, der Türkei und Saudi-Arabien ein regionales Staatenquartett zu etablieren, das sich um eine Lösung des Syrien-Konflikts kümmern würde. Die drei anderen Staaten nahmen die ägyptische Einladung zwar an; praktisch scheiterte die Initiative aber an den Differenzen zwischen Riad und Teheran.

Nach dem Coup bemühte sich Ägyptens Außenpolitik international vor allem darum, Zweifel an der Legitimität des neuen Regimes auszuräumen. Die regionale Politik Ägyptens blieb, auch nach der Wahl Sisis zum Präsidenten, zunächst auf die unmittelbare Nachbarschaft und auf die Pflege der Beziehungen zu den Golfmonarchien beschränkt. Innere Konsolidierung hatte zweifellos Vorrang vor außenpolitischen Initiativen, und ein wesentlicher Teil der Außenpolitik stand in direktem Zusammenhang mit inneren Auseinandersetzungen. So unterstützte Kairo im innerlibyschen Konflikt die selbsterklärte »säkulare« Regierung in Tobruk gegen die von der libyschen Muslimbruderschaft mitgetragene Regierung in Tripolis. Anfang 2015 griff die ägyptische Luftwaffe aktiv in die Kämpfe ein und bombardierte Stellungen islamistischer Gruppen, nachdem lokale Anhänger des sogenannten Islamischen Staates 21 ägyptische Christen, die als Gastarbeiter in Libyen tätig waren, ermordet hatten. Sisi aktivierte auch die sicherheitspolitische Zusammenarbeit mit Israel wieder. Israel hat ein starkes Interesse daran, Ägypten bei der Bekämpfung terroristischer Gruppen im Sinai zu unterstützen; die Sisi-Regierung teilt Israels Interesse an einer Isolierung der Hamas-Regierung im Gazastreifen.

Israel hat den zweiten Machtwechsel in Kairo – von Mursi zu Sisi – vorbehaltlos begrüßt. Israelische Entscheider machen keinen Hehl daraus, dass man ein militärisch gestütztes oder ein direktes Militärregime in Ägypten einer von den Muslimbrüdern gestellten gewählten Regierung vorzieht. Der jüdische Staat sieht sich in vieler Hinsicht in einer Interessengemeinschaft nicht nur mit Ägypten, sondern auch mit Saudi-Arabien und anderen Golfmonarchien, nicht zuletzt was die Fokussierung auf Iran angeht. So hat Israels Ministerpräsident Benjamin Netanjahu auf verschiedenen Wegen versucht, den Abschluss eines Atomabkommens zwischen Iran und der internationalen Sechsergruppe zu verhindern. Auf die Frage, was sich für Israel mit der Ausbreitung des IS und dem drohenden Zerfall Syriens strategisch verändert habe, antwortete mir im Herbst 2014 einer der höchsten Vertreter des israelischen Sicherheitsapparats vor einer Gruppe internationaler Fachleute zum allgemeinen Erstaunen mit einem klaren: »Gar nichts.« Für ihn bleibe Iran die Hauptherausforderung. Dagegen beobachtet man die Entwicklungen in Syrien mit auffälliger Gelassenheit. Man nimmt zwar wahr, dass sich Gruppen, die in enger Verbindung zum Terrornetzwerk al-Qaida stehen, auf der syrischen Seite der Golanfront festgesetzt haben, geht aber davon aus, dass diese in erster Linie das syrische Regime und andere Gruppen bekämpfen, und vertraut im Übrigen auf die eigenen Abwehr- und Abschreckungskräfte.

Die kleineren arabischen Nachbarn Syriens und Israels, *Jordanien* und der *Libanon*, sehen die Situation weniger gelassen. Beide sind, wie auch die Türkei, aber bei einer weitaus kleineren Bevölkerung, durch die große Zahl an Flüchtlingen aus Syrien herausgefordert, wenn nicht gar überfordert. Im Libanon, einem Land von vier Millionen Einwohnern, hielten sich nach Schätzung der UNO Anfang 2015 mehr als 1,25 Millionen syrische Flüchtlinge auf; in Jordanien mit seinen knapp sieben Millionen Einwohnern mehr als 600 000. Dies bedeutete nicht nur, dass man Unterkünfte und Hunderttausende von Plätzen in Schulen zur Verfügung stellen musste, sondern brachte gerade für den Libanon die Gefahr mit sich, den Bürgerkrieg aus Syrien direkt zu importieren. Die schiitische Hizbullah, die im Libanon auch in der Regierung vertreten ist, kämpfte in Syrien auf der Seite des Regimes, sunnitische Politiker unterstützten zum Teil aktiv die Opposition. Die libanesische Regierung versuchte mit einiger Mühe, eine Form der politischen und militärischen Dissoziation vom syrischen Krieg aufrechtzuerhalten, konnte allerdings nicht verhindern, dass es im eng mit Syrien verbundenen Norden des Landes immer wieder zu Schießereien zwischen lokalen Sunniten und Alawiten kam. IS-Kämpfer aus Syrien stießen mehrfach in den Norden des Landes vor. Soldaten der libanesischen Armee wurden wiederholt über die Grenze hinweg in Auseinandersetzungen gezogen. Umgekehrt sollen bis Ende 2014 bis zu tausend Hizbullah-Kämpfer in Syrien ihr Leben gelassen haben. Einige syrische Gruppen versuchten, den Krieg auf libanesisches Gebiet zu tragen, um der Hizbullah, die faktisch einen großen Teil des Grenzgebiets auf libanesischer und auf syrischer Seite kontrollierte, und vor allem den Unterstützern der Hizbullah zu zeigen, dass der Kampfeinsatz auf Seiten des Asad-Regimes einen Preis hatte.

Vermutungen über geopolitische Entwicklungstenden-
zen haben immer etwas Spekulatives. Aber es ist zumindest plausibel anzunehmen, dass die funktionierenden
Staaten des Maghreb, also Marokko, Algerien und Tunesien, sich trotz unterschiedlicher politischer Entwicklungs-
pfade insgesamt stärker vom arabischen Osten absetzen
werden. Die Chancen dieser Länder liegen ohnehin eher
in Europa wie auch im subsaharischen Afrika. Große
Teile der Eliten in diesen Staaten wollen jedenfalls mit
dem Nahen Osten und seinen Kämpfen möglichst wenig
zu tun haben, sind dort auch keine Spieler. Der Krieg in
Syrien zieht allerdings auch Jihadisten aus den Maghreb-
Ländern an – vor allem aus Tunesien. Dies macht es für
diese Länder umso dringlicher, innenpolitisch auf eine
Form des Konsenses zu setzen, der die moderaten islamistischen Strömungen einschließt, und sich in Libyen
um einen Ausgleich zwischen den Bürgerkriegslagern
zu bemühen. Das unterscheidet ihre Politik deutlich von
der Ägyptens, der VAE, der Türkei oder Katars, die –
ähnlich wie in Syrien – auch in Libyen je einzelne Fraktionen unterstützen und damit faktisch den Zerfall des
Landes vorantreiben.

Der Feind meines Feindes …

Saudi-Arabien und Iran sind heute, wie bereits dargestellt, die wichtigsten Antagonisten auf der regionalen
Bühne. Sie scheinen aber weder fähig noch willens zu
sein, die Protagonisten und Stützen eines regionalen Systems kollektiver Sicherheit – einer wirksamen Regional-
organisation, die alle Akteure einschließt – oder eines
Mächtekonzerts zu werden, das gewaltsame Konflikte
oder die weitere Erosion von Staaten und Grenzen zu-

mindest einhegen könnte. Auch ein System stabiler Allianzen, das die Region im Gleichgewicht halten würde, ist nicht in Sicht. Und dass ein einzelner nah- oder mittelöstlicher Staat zur regionalen Hegemonialmacht werden, anderen Staaten Schutz versprechen oder sie vor Störungen des Friedens abschrecken würde, ist nicht zu erwarten. Keiner der größeren regionalen Staaten hat dazu das Potenzial, die notwendige militärische, wirtschaftliche, demografische oder »sanfte« Macht. Die Türkei und Iran können die regionalen Machtbalancen beeinflussen, werden aber als nichtarabische Staaten in der arabischen Welt nicht als Führungsmacht akzeptiert werden, selbst wenn sie ihre wirtschaftlichen und militärischen Potenziale ausbauten, politisch und kulturell attraktiv blieben oder, im iranischen Fall, normale oder gar freundliche Beziehungen mit den USA wiederherstellten.

Einige Beobachter sprechen von drei »Achsen« regionaler Staaten, die miteinander in Konkurrenz stehen: eine saudisch-emiratisch-ägyptische, eine katarisch-türkische und eine iranisch-syrische. Dieses Bild zeigt allenfalls Ausschnitte der politischen Wirklichkeit, ist zu statisch und erklärt auch nicht alles. So sind sich Saudi-Arabien, die VAE, die Türkei und Katar einig, dass das Regime von Baschar al-Asad das eigentliche Problem in Syrien darstellt. Sie haben dabei aber seit dem Beginn der Rebellion gegen Asad unterschiedliche Gruppen unterstützt oder, richtiger gesagt: versucht, sich ihre je eigenen Klienten aufzubauen und zu fördern – und damit, sicherlich ungewollt, zur Fragmentierung und Schwächung der Antiregime-Opposition beigetragen. Ägypten unter General Sisi wird von Riad und Abu Dhabi unterstützt, verfolgt im Hinblick auf Syrien aber eine andere Politik: Er ist dem Regime von Baschar al-Asad gegenüber sehr viel offener und bemüht sich seit Anfang

2015 ähnlich wie Russland darum, eine Annäherung zwischen dem Regime und Teilen der Opposition zustande zu bringen. Saudi-Arabien gelang es, bei seinem militärischen Vorgehen gegen die Huthi-Rebellen im Jemen eine bemerkenswerte Koalition arabischer Staaten zu organisieren, die politisch unter anderem auch von der Türkei unterstützt wurde. Ägyptens Präsident Sisi brachte in diesem Zusammenhang die Idee einer gemeinsamen arabischen Streitmacht ins Spiel. Ägyptens Streitkräfte sind mit Abstand die größten in der arabischen Welt und würden eine solche Truppe weitgehend dominieren. Schon deshalb blieb Saudi-Arabien dem Vorschlag gegenüber zurückhaltend und machte deutlich, dass es weiter eher auf Ad-hoc-Koalitionen setzt, bei denen fallweise auch nichtarabische Mächte wie die Türkei oder Pakistan involviert werden können. Von einer neuen Allianz zu sprechen wäre deshalb – und auch angesichts anderer Differenzen – zu früh.

Die meisten Staaten der Region sehen im sogenannten Islamischen Staat eine Bedrohung. Auch die von den USA geführte internationale Koalition gegen den IS ist allerdings keine stabile Allianz; und die Vorstellung, dass eine so ernste gemeinsame Herausforderung regionale und internationale Akteure dazu bringen würde, ihre ideologischen oder geopolitischen Rivalitäten zu überwinden, ist offensichtlich unbegründet. Vielmehr ist im heutigen Nahen und Mittleren Osten der Feind meines Feindes eben oft nicht automatisch mein Freund, sondern weiterhin mein Feind. So sind Iran und die USA zwar die wichtigsten Unterstützer der irakischen Regierung; beide bekämpfen im Irak den IS; faktisch hat die amerikanische Luftwaffe sogar mehrfach Unterstützung für irakisch-schiitische Milizen und reguläre Truppen geleistet, die von iranischen Ausbildern geführt wurden. Washington und Teheran sehen dennoch und trotz des sich abzeichnenden Kompromisses bei den Atomverhandlungen weiterhin im jeweils anderen ihren Hauptgegner im Nahen und Mittleren Osten, oder überhaupt.

Zu Formen taktischer Zusammenarbeit kann es dabei prinzipiell freilich auch zwischen noch viel »unmöglicheren« Partnern kommen. So wurden in Israel seit 2014 immer wieder verletzte Kämpfer der mit al-Qaida verbundenen Nusra-Front behandelt, die auf der syrischen Seite der israelisch-syrischen Waffenstillstandslinie auf dem Golan gegen Einheiten der syrischen Armee und der libanesischen Hizbullah kämpft. Darüber hinaus wird wohl gelegentlich auch Material an die Nusra-Front geliefert. Dies jedenfalls lassen Beobachtungen der dort eingesetzten UN-Blauhelmtruppe vermuten. Das macht Israel und die Nusra-Front keineswegs zu Verbündeten. Allenfalls zeigt es einen erstaunlichen taktischen Pragmatismus auch jihadistischer Kräfte wie der Nusra-Front und vielleicht eine gewisse Kurzsichtigkeit Israels: Israelische Entscheidungsträger glauben zwar keineswegs, dass solche Kräfte kontrollierbar seien, halten sie aber mittelfristig zumindest für weniger gefährlich als die Hizbullah – »sie sind verrückter, aber schlechter organisiert und bewaffnet«, sagte mir dazu ein israelischer Politiker im Gespräch.

Der israelisch-palästinensische Konflikt wird lokaler

Der Konflikt zwischen Israel und seiner regionalen Umgebung ist heute im Kern auf den Territorialkonflikt zwischen Israel und den Palästinensern geschrumpft, ist also eher ein israelisch-palästinensischer als ein arabisch-israelischer Konflikt geworden. Einer Lösung ist der Konflikt damit freilich nicht näher gekommen. Neue Gewaltausbrüche scheinen wahrscheinlicher als ein diplomatischer Durchbruch. Davon zeugte zuletzt der 50-tägige Krieg zwischen Israel und der den Gazastreifen beherrschenden Hamas im Sommer 2014.

Ein wichtiger Unterschied zur Realität vergangener Jahrzehnte liegt darin, dass die palästinensische Sache nicht mehr die primäre Causa bildet, mit der sich Menschen quer durch die Region mobilisieren lassen. Die Bürger der einzelnen Staaten gehen eher aus Protest gegen die eigenen Regierungen auf die Straße; autoritären Regimen gelingt es nicht mehr, innere Konflikte zu externalisieren, indem man nahezu alle politischen und wirtschaftlichen Übel mit dem »Widerstand« gegen Israel rechtfertigt.

Israelische Politiker und Kommentatoren, die davon ausgehen, dass die arabischen Staaten am Golf realpolitisch abstrahieren und etwa die gemeinsame Gegnerschaft zu Iran nutzen würden, um Israel auch offen zum Partner zu erklären oder zumindest normale politische und wirtschaftliche Beziehungen zum jüdischen Staat zu etablieren, dürften sich jedoch Illusionen machen. Formen der taktischen Zusammenarbeit sind, wie eben ausgeführt, zwischen nahezu allen Akteuren denkbar. Allerdings dürfte Israel in seiner arabisch-muslimischen Umwelt wohl nie voll als legitimer und integraler Bestandteil des regionalen Systems akzeptiert werden, solange der Konflikt mit den Palästinensern ungelöst und den Palästinensern ein eigener, souveräner Staat verwehrt bleibt.

Viele Israelis sehen es umgekehrt: Für sie liegt der Kern des Problems darin, dass die Mehrheit der Palästinenser und ein großer, wenn nicht überwiegender Teil der islamischen Welt Israel eben nicht als jüdischen Staat zu akzeptieren bereit sei. Die israelische Rechte begründet damit ihre Weigerung, genügend Territorium und Kontrolle aufzugeben, um einen lebensfähigen palästinensischen Staat entstehen zu lassen. Verfechter der Zweistaatenlösung dagegen, die auf das friedliche Zusammenleben zweier Staaten – Israel und Palästina – setzen, sehen in einer solchen Lösung auch die Chance, diese fehlende Akzeptanz zu gewinnen und Israel in seine regionale Umwelt zu integrieren.

Israels heutige Stärke kann schlechtestenfalls eine trügerische Form der Selbstsicherheit fördern, die den jüdischen Staat genau diese Chance verpassen lässt. Gerade unter Ministerpräsident Netanjahu hat sich die Haltung verfestigt, dass man den Konflikt mit den Palästinensern eigentlich aussitzen kann und deshalb auch keine amerikanischen oder gar europäischen Vermittlungsbemühungen braucht: Schließlich sind die Palästinenser schwach und gespalten, die arabische Welt ist mit sich selbst beschäftigt und fragmentiert. Israels Abschreckungskraft gegenüber Iran oder auch der libanesischen Hizbullah ist formidabel. Es spricht deshalb einiges dafür, dass auch ein weiterer Versuch der Obama-Regierung, ein Abkommen zwischen Israel und der palästinensischen Regierung zustande zu bringen, wirkungslos verpuffen wird. Wer immer Obama nachfolgt, wird nicht als Erstes eine diplomatische Initiative aufgreifen, an der die Vorgängerregierung gescheitert ist. Europa wird, wie meist, auf die Amerikaner warten. Und Israel wird gelegentliche Angriffe aus dem Gazastreifen abwehren und jüdische Siedlungen sowie die entsprechende Infrastruktur in der Westbank und in Jerusalem ausbauen und damit die Palästinensergebiete weiter zersiedeln: Realitäten schaffen also, die einer Zweistaatenlösung – im Wortsinn – den Boden entziehen würden. Irgendwann wird die Mehrheit der Palästinenser sich wahrscheinlich damit abfinden, dass Israel im Kampf um Territorium und Souveränität gesiegt hat und sich innerhalb Israels oder einer israelisch kontrollierten Herrschaftszone einrichten, dort aber gleichzeitig – so wie die heutige arabisch-palästinensische Minderheit innerhalb der international anerkannten Grenzen Israels – um Gleichberechtigung und Bürgerrechte kämpfen. Anstelle einer Zweistaatenlösung würde eine Einstaatenrealität entstehen, in der zwei Völker, die genau das nicht wollen, nicht neben-, sondern miteinander leben müssten.

Irak und Syrien als Kampfzone

Erstmals in der Geschichte des heutigen arabisch-nahöstlichen Staatensystems sind der Irak und Syrien gleichzeitig keine aktiven geopolitischen Spieler, sondern Objekte der Konflikte und Ambitionen anderer. Dabei war es keineswegs unausweichlich, dass diese beiden Länder gewissermaßen zum Brennglas eines Nahen und Mittleren Ostens werden würden, in dem sich heute nahezu alle grenzüberschreitenden politischen, sozialen, geopolitischen, ideologischen und konfessionell-identitären Konflikte bündeln. Immerhin handelte es sich um zwei dem eigenen Anspruch nach moderne arabische Staaten, die sich gern ihrer religiös-kulturellen Vielfalt und, in Syrien zumindest und durchaus mit einigem Recht, der Toleranz zwischen den verschiedenen Religionsgemeinschaften rühmten. Beide Staaten sind, wie bereits erwähnt, historisch aus den arabischen Teilen des Osmanischen Reiches entstanden, nicht völlig künstlich, aber doch so, dass es keine volle Übereinstimmung historischer Provinzen oder anderer Einheiten mit den territorialen

Grenzen der neuen Staaten gab. Das verschaffte irredentistischen Ansprüchen Auftrieb – irakischen auf Kuwait, syrischen auf den Libanon, auf die unter französische Mandatsherrschaft an die Türkei übertragene Provinz Iskanderun (türkisch: Hatay) oder auch auf Palästina als Teil des historisch-geografischen Syrien oder »al-Sham«. Es trug sicher auch dazu bei, dass die politischen Eliten in beiden Staaten einige Mühe darauf verwandt haben, ein syrisches oder irakisches Staatsbewusstsein zu formen, zu dem ganz wesentlich die Reklamation einer natürlichen Führungsrolle in der arabischen Welt gehörte. Beide Staaten haben auf unterschiedliche Weise wiederholt versucht, den regionalen Status quo zwischen Mittelmeer und Persischem Golf zu verändern oder entsprechend eigenen Herrschaftsinteressen zu manipulieren. So lancierten seit den fünfziger Jahren des 20. Jahrhunderts verschiedene Regierungen in Damaskus und Bagdad immer wieder Vereinigungsprojekte miteinander oder mit anderen arabischen Staaten. Der Irak unter Saddam Hussein versuchte zuerst durch den Angriff auf den Iran, aus dem ein verheerender achtjähriger Krieg erwuchs, später dann durch die Invasion und Annexion Kuwaits zur dominanten Macht am Persischen Golf aufzusteigen. Syrien spielte seit Beginn des libanesischen Bürgerkriegs im Jahre 1975 dort eine ambivalente – zeitweise stabilisierende, immer aber manipulative – Rolle. Auch nach dem durch lokalen und internationalen Druck erzwungenen Abzug seiner Truppen im Jahre 2005 gelang es Damaskus, über die Hizbullah und andere Verbündete und Klienten vor Ort einen bestimmenden Einfluss auf die libanesische Politik zu behalten.

Es wäre denkbar gewesen, dass Syrien unter Baschar al-Asad, der im Sommer 2000 als Nachfolger seines verstorbenen Vaters Hafiz eingesetzt wurde, der das Land dreißig Jahre lang beherrscht hatte, einen Weg der kontrollierten politischen Öffnung gegangen wäre. Ein großer Teil der gut ausgebildeten Mittelschicht war dazu bereit, mit dem neuen, damals noch jungen Präsidenten zusammenzuarbeiten. Ebenso wäre es denkbar gewesen, dass sich die wichtigsten irakischen Gruppen nach dem Bürgerkrieg, den das Land unter amerikanischer Besatzung erlebt hatte, und nach dem Abzug der US-Truppen auf eine Form der Machtteilung eingelassen hätten, wie die nach dem Sturz Saddam Husseins erarbeitete demokratische und föderale Verfassung sie vorsieht. Dass man in beiden Ländern spätestens 2014 von gescheiterten Staaten sprechen musste, hatte im irakischen Fall zwar viel mit dem amerikanischen Einmarsch von 2003, nicht zuletzt mit der Auflösung der damaligen irakischen Armee durch den amerikanischen »Chef-Verwalter« im Irak, Paul Bremer, zu tun. In beiden Fällen gilt aber, dass die höchsten politischen Entscheidungsträger – Baschar al-Asad in Syrien, Premierminister Nuri al-Maliki im Irak – selbst die Verantwortung für die eskalierende Gewalt trugen.

Asad hätte die Protestwelle sehr wahrscheinlich einfangen können, wenn er – ähnlich wie der jordanische oder der marokkanische König – nicht mit tödlicher militärischer Gewalt, sondern mit Zugeständnissen und Reformen auf die ersten Proteste reagiert hätte, bei denen es zunächst eben nicht um einen Sturz des Regimes oder gar um Demokratie ging. Der Aufstand oder die Revolution in Syrien begann mit Protesten gegen die Korruption und die Machtarroganz lokaler Repräsentanten des Regimes, nicht zuletzt wenn diese aus dem engen Machtzirkel um Baschar al-Asad oder sogar aus seiner Familie stammten. So etwa in Deraa, im Süden des Landes, wo die ersten nennenswerten Proteste ausbrachen, nachdem der lokale Geheimdienstchef, ein Verwandter Asads, mehrere Jugendliche festnehmen und misshandeln ließ, die Antiregime-Graffiti an die Wand ihrer Schule gepinselt hatten. Auf den Protest der Einwohner antwortete das Militär – hier wie an anderen Orten – mit scharfer Munition. Erst diese brutale Reaktion ließ eine Aufstandsbewegung entstehen, die in fast allen Teilen des Landes Unterstützung fand, vor allem unter den Einwohnern mehrheitlich sunnitischer ländlicher Regionen und Provinzstädte, die sich wirtschaftlich und politisch marginalisiert fühlten.

Im Irak war Ministerpräsident Nuri al-Maliki zwar über demokratische Wahlen an die Macht gekommen; er errichtete aber nichtsdestoweniger ein autoritäres und zudem hochkorruptes Regime. Maliki konzentrierte alle wichtigen Ministerposten in seiner Hand und besetzte zivile und militärische Führungspositionen vorwiegend mit loyalen Gefolgsleuten aus seiner eigenen schiitischen Konfessionsgemeinschaft. Sunniten und auch all jene säkularen Iraker, die sich nicht über konfessionelle Zugehörigkeit definieren wollten, fühlten sich ausgeschlossen. Ziviler Protest, insbesondere in arabisch-sunnitischen Städten, wurde mit militärischer Gewalt unterdrückt. Die neue Verfassung wurde rasch zur Farce: Schiitische Gruppen, darunter nicht zuletzt auch die Daawa-Partei Malikis, fanden es leicht, sich zur Demokratie zu bekennen, verstanden darunter aber die Herrschaft der – schiitischen – Mehrheit. Die Kurden setzten das Prinzip des Föderalismus durch, sahen darin aber eigentlich eine Lizenz für spätere Unabhängigkeit. Sunnitische Gruppen fühlten sich bald an den Rand gedrängt, nicht zuletzt nachdem Ministerpräsident Maliki begann, alle halbwegs glaubwürdigen politischen Vertreter des sunnitischen Bevölkerungsteils, darunter den Vizepräsidenten und den

Finanzminister, aus dem Amt oder zur Flucht ins Ausland oder ins sichere Kurdistan zu treiben. Masud Barzani, der Präsident Irakisch-Kurdistans, steht mit seiner Kritik an dem ehemaligen irakischen Regierungschef nicht allein: Dessen »falsche Politik«, so der Kurdenführer in einem Gespräch Anfang 2015, habe ISIS (dem sogenannten Islamischen Staat im Irak und in Syrien) den Weg gebahnt: »Die USA haben zehn Jahre darauf verwandt, die neue irakische Armee zu trainieren.« Als Resultat der konfessionell diskriminierenden und korrupten Klientelpolitik Malikis habe diese Armee dann aber »keine zehn Stunden standgehalten«, als ISIS im Sommer 2014 nach Mosul eingedrungen sei.

In beiden Fällen, im Irak wie in Syrien, sind nicht etwa moderne Staaten an den konfessionellen oder ethnischen Identitäten ihrer Bürger gescheitert. Richtiger wäre zu sagen, dass die politischen Eliten in beiden Ländern Korruption und konfessionelle Zugehörigkeiten bewusst als Herrschaftsmittel genutzt, damit die modernen Institutionen dieser Staaten unterhöhlt und ihre Fragmentierung riskiert haben.[5] Die gewalttätigen inneren Auseinandersetzungen in Syrien und im Irak haben beide Länder zunehmend zur Kampfzone der Region gemacht, haben, im durchaus wörtlichen Sinne, Raum geschaffen sowohl für die geopolitische Konkurrenz zwischen anderen regionalen Mächten, über die wir weiter oben gesprochen haben, wie auch für die Entstehung neuer Akteure, die den existierenden Staaten Konkurrenz machen.

---

5 In diesem Sinne auch mit Blick auf den Irak: Toby Dodge, »Can Iraq be saved?«, in: *Survival* 56 (November 2014), S. 7-20.

Bürgerkriege migrieren, neue Einheiten entstehen

Anders als in den vergangenen Jahrzehnten lassen Aufstände und Bürgerkriege – auch dies ist mit Blick auf die geopolitischen Dynamiken des regionalen Staatensystems bemerkenswert – sich offenbar nicht mehr innerhalb der Staaten eindämmen, in denen sie sich entzünden. Genau das hatte lange Zeit als halbwegs sicher gegolten, hatte vielleicht sogar einen nonchalanten Umgang regionaler und außerregionaler Akteure mit Bürgerkriegen in einzelnen Ländern gefördert: So intervenierten fast alle regionalen Staaten und zahlreiche nichtstaatliche Akteure – vor allem Syrien und Israel, die PLO und Iran, aber auch Saudi-Arabien, Libyen, der Irak, die kurdische PKK und einige andere – in der ein oder anderen Form in den fünfzehn Jahre lang (1975-1990) anhaltenden libanesischen Bürgerkrieg – meist durch die Unterstützung oder den Aufbau bestimmter Bürgerkriegsparteien, am Ende dann, unter saudischer Führung, mit dem recht erfolgreichen Versuch, ein politisches Gleichgewicht herzustellen, das zwar nicht alle Konflikte, aber den Krieg beendete. Syrien und Israel bekämpften sich sogar vorzugsweise im Libanon – selten direkt, meist über ihre jeweiligen Verbündeten –, um militärische Auseinandersetzungen über die Frontlinie zu verhindern, die leicht zu einem großen Krieg auf dem Territorium der beiden Staaten hätten eskalieren können. Der libanesische Krieg schwappte dabei nie über die Grenzen des Landes hinaus. Ähnliches gilt für den Algerischen Bürgerkrieg in den neunziger Jahren, für die Serie der Bürgerkriege im Sudan – zwischen dem Norden und dem Süden des Landes bis 2005, in der Provinz Darfur seit 2003, seit 2013 auch im unabhängigen Südsudan –, für den Krieg (1975-1991) und nachfolgende Aufstände in der Westsahara, die wiederholten Bürgerkriege im Jemen vor und nach dessen Vereinigung im Jahre 1990 und für die inneren Kriege im Irak, nicht zuletzt den Aufstand gegen die amerikanische Besatzung nach 2003, frühere Aufstände gegen Saddam Hussein und mehrere innerkurdische Kriege: All diese Kämpfe und Kriege verblieben innerhalb der Grenzen des jeweiligen Staates oder, im Fall der palästinensischen Aufstände gegen Israel oder die Kriege zwischen Israel und der Hamas im Gazastreifen, innerhalb des israelisch kontrollierten Raums. Nachbarländer intervenierten zwar in einigen dieser Auseinandersetzungen oder nahmen größere Zahlen an Flüchtlingen auf, konnten aber relativ sicher sein, dass Gewalt und Chaos im Nachbarland nicht auf ihr Gebiet übergreifen würde.

Dies gilt heute nicht mehr: Die Kriege in Syrien und im Irak sind bereits über die Grenzen migriert; gleichzeitig hat die Grenze zwischen den beiden Ländern praktisch nicht mehr viel Bedeutung. Weite Teile des libanesisch-syrischen Grenzgebiets, beidseits der offiziellen Grenze, werden weder von libanesischen noch von syrischen Sicherheitskräften kontrolliert, sondern von der Hizbullah. An der offiziell demilitarisierten und von UNO-Blauhelmen überwachten syrisch-israelischen Frontlinie auf dem Golan stehen israelische Soldaten heute nicht nur Kämpfern der Nusra-Front, sondern auch Hizbullah-Milizionären gegenüber. Anfang 2015 kam bei einem Angriff über die Frontlinie, bei dem die israelische Armee zwei Fahrzeuge der Hizbullah zerstörte, auch ein iranischer General ums Leben. Aus der syrisch-israelischen Demarkationslinie, die seit einem 1974 vereinbarten Truppenentflechtungsabkommen immer vergleichsweise ruhig geblieben war, drohte eine regionale Front zu werden.

Im Libanon verändert der Flüchtlingszustrom derweil die demografische Struktur und das ohnehin fragile konfessionelle Gleichgewicht – und zwar in einer Weise, die gerade von der schiitischen Hizbullah als bedrohlich wahrgenommen wird. Es gibt zwar keine exakten Daten über die konfessionelle Struktur der libanesischen Bevölkerung. Bezogen auf die Staatsbürger wird aber davon ausgegangen, dass die Schiiten die größte Konfessionsgemeinschaft bilden, eng gefolgt von den Sunniten und mit einigem Abstand vom christlich-maronitischen Bevölkerungsteil. Der Zufluss von mehr als einer Million überwiegend sunnitischer syrischer Flüchtlinge schafft in der Gesamtbevölkerung ein eindeutiges sunnitisches Übergewicht. Die Flüchtlinge sind zwar keine Staatsbürger, aber sie sind präsent. Libanesische Gruppen und Parteien orientieren sich in dieser Hinsicht an der Erfahrung mit den palästinensischen Flüchtlingen, die Ende der vierziger Jahre in den Libanon kamen, nie ins heutige Israel zurückkehrten, im Libanon aber zum politischen Machtfaktor wurden.

Die Kurdische Regionalregierung im Irak, Iran, Saudi-Arabien und Jordanien haben jeweils Vorkehrungen getroffen, um Invasionsversuche des IS und damit ein direktes Überschwappen des Krieges in Syrien und im Irak auf ihre Länder oder Regionen zu verhindern. »Eindämmen« lässt der Krieg sich allerdings nicht. So kämpft eine nicht geringe Zahl junger Jordanier in den Reihen der syrischen Opposition, der Nusra-Front oder des IS vor allem im Süden Syriens, während gleichzeitig etwa 80 000 syrische Flüchtlinge aus dem Süden des Landes im Flüchtlingslager Zaatari, im Norden Jordaniens, untergekommen sind. Dieses Lager könnte sich allmählich zu einer eigenständigen und wohl auch dauerhaften Stadt entwickeln. Viele Großfamilien haben Angehörige dies-

seits und jenseits der Grenze, die zumindest von jorda-
nischer Seite weiter recht effektiv kontrolliert wird. Per-
spektivisch wächst hier aber ein Stück Syrien nach Jordanien hinein.

In Nordafrika hat der Zerfall des Staates in Libyen
nicht nur den Aufstand von Tuareg-Gruppen und die
Machtübernahme islamistischer Milizen im Norden Ma-
lis munitioniert, die 2013 zu einer französischen Mili-
tärintervention führten. Die anhaltenden Auseinandersetzungen in Libyen destabilisieren auch das südliche
Nachbarland Niger und gefährden die Sicherheitslage
Tunesiens. Der Bewegung jihadistischer Gruppen zwischen Algerien, Nordmali, Libyen und Niger sind kaum
effektive Grenzen gesetzt. Die militärische Intervention
Ägyptens in Libyen könnte durchaus zu Vergeltungs-
aktionen der angegriffenen Gruppen oder zur Solidari-
sierung von Angehörigen ihres Stammesverbandes auf
ägyptischem Gebiet führen. Auf der Arabischen Halbinsel sorgen saudische Sicherheitsbehörden sich, vermutlich zu Recht, dass anhaltende Auseinandersetzungen im
Jemen sich ebenfalls mittels tribaler Verbindungen über
die Grenze zum Königreich ausbreiten könnten.

Wir haben es hier nicht mit einer politisch gewollten
Aufhebung von Grenzen oder mit einem Abbau von Hin-
dernissen für grenzüberschreitende Interaktionen zu tun,
wie man sie von regionalen Integrationsprojekten kennt,
sondern mit einem Verwischen politisch-territorialer
Konturen, wo einzelne Staaten nur noch Teile ihres Ter-
ritoriums kontrollieren und ihre Souveränität faktisch
mit nichtstaatlichen Akteuren teilen. Meist, aber nicht
immer, tun sie das unfreiwillig. Immerhin nutzt Syriens
Präsident Baschar al-Asad ausländische Milizen – vor allem die Hizbullah, aber auch irakische und afghanische
Schiitenmilizen –, um Städte und Dörfer zurückzuer-

obern, die in die Hand der Opposition gefallen waren. Der Hizbullah überlässt er dabei auch effektiv die Kontrolle über Teile des Staatsgebiets.

Gleichzeitig entstehen neue quasisouveräne Entitäten, die sich Staat nennen oder staatsähnliche Herrschaftsverbände werden wollen. Am weitesten fortgeschritten ist der Prozess der Ausbildung von faktischer Staatlichkeit in Irakisch-Kurdistan. Die Kurdische Regionalregierung (KRG) ist international als autonomer Bestandteil des Irak anerkannt und wird fast wie die Regierung eines unabhängigen Staates behandelt, wenngleich zumeist unter formaler Beachtung der irakischen Souveränität. Das wird etwa deutlich, wenn die deutsche Regierung Waffen an die kurdischen Streitkräfte, die Peschmerga, liefert, die Lieferungen aber der völkerrechtlichen Form halber bei einer Zwischenlandung in Bagdad von den irakischen Behörden inspizieren und gutheißen lässt. Ob die Entscheidungsträger in Irakisch-Kurdistan letztlich nach vollständiger staatlicher Unabhängigkeit, nach einer Festigung der Autonomie in einer losen Konföderation mit dem Rest des Irak streben oder zusammen mit anderen irakischen Parteien und Gruppierungen versuchen werden, ein stabiles föderales System im Irak zu errichten, wird wesentlich von Entwicklungen in Bagdad und im Rest des Landes abhängen. Masud Barzani, der Präsident Irakisch-Kurdistans und Chef der regierenden Kurdisch-Demokratischen Partei (KDP), hat zunächst den drohenden Zerfall des Irak und den Vormarsch des IS im Sommer 2014 genutzt, um das eigene Herrschaftsgebiet auszuweiten und gleichzeitig seinen Quasi-Staat sowohl international wie gegenüber der Regierung in Bagdad als unverzichtbaren Ordnungsfaktor zu präsentieren. Das stärkt die Optionen der KRG für jedes Szenario.

De-facto-Souveränität genießen auch die sogenannten kurdischen Kantone in Syrien – das mehrere Monate schwer umkämpfte Kobane, die Stadt Afrin im Nordwesten sowie der Kanton Cizire um die Stadt Qamishli im Nordosten des Landes. Dabei spielt es keine Rolle, ob die PYD, der syrische Ableger der türkisch-kurdischen PKK, sich mit dem Regime in Damaskus arrangiert oder dessen Schwäche genutzt hat, um die Macht in diesen Gebieten zu übernehmen und deren Autonomie zu erklären: Faktisch übt die PYD in diesen Gebieten eine quasistaatliche Rolle aus. Zwar hat bislang kein Staat die Kantone von Rojava, wie die kurdischen Gruppen das kurdische Siedlungsgebiet im Norden Syriens nennen, anerkannt. Die PYD ist auch gewiss keine demokratische, sondern eine autoritär strukturierte Partei, die einem charismatischen Führer – dem in der Türkei inhaftierten PKK-Chef Abdullah Öcalan – folgt und ihren Charakter als politischer Arm einer Guerillabewegung nicht einfach ablegen wird, weil ihre Funktionäre zivile Regierungsfunktionen ausüben. Darin unterscheidet sie sich wenig von anderen Gruppierungen, die langjährig im Untergrund operiert oder aus Bürgerkriegssituationen heraus die Macht übernommen haben. Letztlich ist wichtig, dass die politischen Repräsentanten dieser Kantone legitime und verhandelbare Ziele verfolgen: Sie streben zweifellos eine Veränderung des Status der syrisch-kurdischen Gebiete an, bei dem ihre De-facto-Souveränität im Sinne einer weitreichenden Autonomie auch dann gewahrt wird, wenn Syrien sich nach einem Ende des Bürgerkriegs als einheitlicher Staat rekonstituieren sollte, und sie suchen dafür regionale und internationale Unterstützung. All dies macht eine pragmatische Zusammenarbeit internationaler Akteure mit den Autoritäten in diesen Kantonen möglich – nicht nur im humanitären Bereich, sondern bis hin zur militärischen Unterstützung, die die USA oder die Kurdische Regionalregierung geleistet haben, um Kobane vor einer Eroberung durch den sogenannten Islamischen Staat zu schützen. Diese Organisation, die sich schon in früheren Entwicklungsstufen als »Staat« definiert hat, stellt eine ganz andere Herausforderung nicht nur für den Irak und für Syrien, sondern auch für die regionale Ordnung und für die internationale Politik dar.

Der IS – kein Staat, aber ein jihadistisches Staatsbildungsprojekt

Die Gruppe, die sich selbst »Islamischer Staat« nenne, erklärte Barack Obama, als er am 10. September 2014 seine Strategie im Kampf gegen diese Organisation darlegte, sei weder islamisch noch sei sie ein Staat.[1] Das war eine politisch zweckdienliche Äußerung, die sich faktisch allerdings bestreiten lässt: Der amerikanische Präsident dürfte ausgesprochen haben, was auch die große Mehrheit der Muslime denkt. Vor allem aber ging es ihm darum, eine internationale Koalition zusammenzubringen, die im Kern aus arabisch-muslimischen Staaten bestehen würde. Saudi-Arabien, der wichtigste arabische Partner in dieser Koalition, definiert sich explizit als islamischer Staat und als Hüter der zwei heiligen Stätten des Islam (Mekka und Medina). Das Königreich fühlt sich nicht nur deshalb durch den »IS« und die Ausrufung eines Kalifats in besonderer Weise provoziert. Die US-Regierung kann kein Interesse daran haben, diese Koalitionspartner vor den Kopf zu stoßen. Deshalb sprechen amerikanische Regierungsvertreter auch allenfalls von »ISIL«, ohne das Akronym, das für »Islamischer Staat im Irak und in der Levante« steht, aufzulösen. Oft ist auch nur vom Kampf gegen »gewalttätigen Extremismus« die Rede, weil man, wie es heißt, keine muslimischen Gefühle verletzen wolle. Mir erscheint dies sowohl unsinnig als auch überflüssig: Natürlich handelt es sich beim IS oder

---

[1] Obamas Statement ist online verfügbar unter: {http://www.white house.gov/the-press-office/2014/09/10/statement-president-isil-1} (Stand April 2015).

anderen Jihadisten um gewalttätige Extremisten, aber sie beziehen sich – in welcher Verdrehung auch immer – nun einmal auf den Islam und auf Islamauslegungen, die zum Teil auch in Staaten wie Saudi-Arabien zum Lehrkanon gehören. Gerade deshalb hat eine Reihe islamischer Rechtsgelehrter damit begonnen, die theologischen Grundlagen dieser Gruppierungen auseinanderzunehmen.

Von al-Qaida zum IS

Tatsächlich ist der sogenannte Islamische Staat mehr als irgendeine weitere extremistische Gewaltorganisation oder »Terrormiliz«. Auch diese in deutschen Medien verbreitete Charakterisierung ist eher eine Verharmlosung. Stattdessen sollte man den IS als ein jihadistisches Staatsbildungsprojekt begreifen: Dies macht klar, dass es sich hier zumindest um den Versuch handelt, einen Staat zu errichten, der sich ideologisch auf eine besonders extremistische Islamauslegung stützt. Der erst seit einigen Jahren – gerade auch in arabischen Medien – genutzte Begriff »Jihadismus« bezeichnet dabei jene militante Denkart im Islam, die wir von al-Qaida und ähnlichen Gruppen kennen: eine Ideologie, die abweichend von den wichtigsten islamischen Rechtsschulen den koranischen Begriff des *jihad* primär als gewaltsamen Kampf versteht, entsprechend auf einen zeitlich und räumlich unbegrenzten Krieg gegen alle Nicht- oder Andersgläubigen setzt und diesen zur Glaubenspflicht erklärt.[2] Auch

2 Es gibt reichlich Literatur zum theologischen Hintergrund des Jihad-Begriffes und dessen politischer Auslegung; vgl. etwa Alexander Flores, *Zivilisation oder Barbarei? Der Islam im historischen Kontext*,

in den regionalen Diskursen wird heute meist von »Jihadisten« (arabisch: *jihadi*, Mehrzahl: *jihadiyun*) gesprochen, wenn man ausdrücken will, dass es sich um Terroristen handelt, die überzeugt sind, im Namen des Islam
zu handeln. Dagegen ist der Begriff *mujahidun* (oder *mujahidin*, Einzahl: *mujahid*, ebenfalls von *jihad* abgeleitet)
positiver besetzt und wird genutzt, wenn es um religiös
motivierte Kämpfer für eine gerechte Sache geht. So be-
zeichneten sich die afghanischen Gruppen, die in den
achtziger Jahren gegen die sowjetische Besatzung kämpften, als Mujahidun, genauso wie die arabischen Freiwil-
ligen, die zu deren Unterstützung nach Afghanistan
reisten – und aus deren Reihen später al-Qaida hervorging. Dass des einen Mujahidin des anderen Jihadisten
sind, versteht sich von selbst.

Die Organisation, die heute als »Islamischer Staat«
firmiert, entstand als irakischer Ableger von al-Qaida.
Gründer der Organisation war Abu Musab al-Zarqawi,
ein Jordanier, der sich in Afghanistan al-Qaida ange-
schlossen hatte, Anfang des neuen Jahrtausends in den
Irak ging, von dort aus unter anderem Attentate und
Morde in Jordanien organisierte und nach der amerikanischen Invasion von 2003 als »Emir« (Befehlshaber)
von »Al-Qaida im Zweistromland« mit blutigen An-
schlägen gegen ausländische Vertretungen, vermutlich
auch mit dem verheerenden Anschlag auf das Haupt-

Berlin: Verlag der Weltreligionen 2011, S. 147ff.; Richard Bonney,
Jihad: From Qu'ran to Bin Laden, London: Palgrave Macmillan 2004.
Dass der Begriff »Jihad« – ähnlich wie in europäischen Sprachen der
»Kreuzzug« – auch ganz anders konnotiert sein kann (gelegentlich so-
gar vom »Jihad gegen Analphabetismus« oder »für Demokratie« ge-
sprochen wird), zeigt Katajun Amirpur, *Den Islam neu denken. Der
Dschihad für Demokratie, Freiheit und Frauenrechte*, München: C.H.
Beck 2013.

quartier der Vereinten Nationen in Bagdad, auf die US-Armee sowie nicht zuletzt gegen Schiiten und schiitische Heiligtümer hervortrat. Er trug damit maßgeblich dazu bei, dass es im Irak unter der amerikanischen Besatzung zu einem konfessionellen, sunnitisch-schiitischen Bürgerkrieg kam, mit Tausenden von konfessionellen Morden und Racheakten. 2006 kam Zarqawi durch einen amerikanischen Bombenangriff ums Leben. Unter seinem Nachfolger Abu Omar al-Baghdadi, der vier Jahre später den Tod fand, schwächelte die Organisation. Das lag auch daran, dass sunnitische Stammesführer mittlerweile mit amerikanischer Hilfe begonnen hatten, eigene Milizen – die sogenannte Sahwa-(Erweckungs-)Bewegung – aufzustellen, um Sicherheit in ihren Provinzen zu schaffen und gleichzeitig al-Qaida zu bekämpfen. 2010 übernahm der heutige Führer der Organisation, Abu Bakr al-Baghdadi, deren Leitung.

Baghdadi, der eigentlich Ibrahim Awwad Ali al-Badri al-Samarrai heißt und aus dem irakischen Samarra stammt, wurde als islamischer Religionsgelehrter ausgebildet, radikalisierte sich wie zahlreiche sunnitische Theologen nach dem amerikanischen Einmarsch im Irak, verbrachte einige Zeit in einem Gefangenenlager des amerikanischen Militärs und beendete nach seiner Entlassung erst einmal eine Dissertation in Scharia-Studien. Theologisch ausgebildet und nicht zuletzt durch die Gefängniszeit mit guten Kontakten zu Anhängern des gestürzten Regimes von Saddam Hussein ausgestattet, die sich ebenfalls im Widerstand gegen die USA und gegen den »neuen« Irak sahen, begann er, die Organisation umzubauen und zu stärken. Dabei brachte er insbesondere erfahrene Ex-Offiziere der alten irakischen Armee in Führungspositionen. Bereits unter seinem Vorgänger hatte die Organisation sich in »Islamischer Staat im Irak«

(ISI) umbenannt. Differenzen zwischen der Qaida-Führung in Pakistan und dem irakischen Ableger hatten sich schon unter Zarqawi abgezeichnet, wurden nun aber stärker und auch stärker deutlich: Dabei ging es um das Ausmaß an Brutalität und Gewalt, das Zarqawi und seine Nachfolger an den Tag legten, vor allem aber um ideologische und strategische Fragen. Während al-Qaida in erster Linie den »fernen Feind«, also die USA und ihre Verbündeten, bekämpft, suchten Zarqawi und Baghdadi den Krieg mit dem »nahen Feind« – mit den Schiiten, anderen Andersgläubigen, der irakischen Regierung, Stammesvertretern und selbst mit jihadistischen Gruppen, die sich ihrem Programm widersetzten. Ayman al-Zawahiri, der Nachfolger Usama Bin Ladens an der Spitze von al-Qaida, kritisierte Baghdadi wiederholt wegen dessen antischiitischer Bürgerkriegsagenda. Baghdadi wiederum attackierte die Qaida-Führung als kompromisslerisch. Und während al-Qaida sich zu einem »globalen Jihad« bekennt, ohne das Interesse zu zeigen, irgendwo Regierungsfunktionen zu übernehmen, setzte Baghdadi es sich von Beginn an zum Ziel, einen Staat mit physischer, territorialer Präsenz zu etablieren, aus dem nach und nach ein islamisches Reich entstehen würde.[3] Der Name »Islamischer Staat im Irak« unterstrich dies, auch wenn es der Miliz bis 2014 nicht gelang, ein zusammenhängendes »Staats«-Gebiet zu arrondieren.

3 Mittlerweile gibt es einige Studien zu den Vorläufern des sogenannten Islamischen Staates; vgl. etwa Guido Steinberg, *Der nahe und der ferne Feind. Die Netzwerke des islamistischen Terrorismus*, München: C. H. Beck 2005; ders., *Kalifat des Schreckens. IS und die Bedrohung durch den islamistischen Terror*, München: Droemer-Knaur 2015; Behnam T. Said; *Islamischer Staat. IS-Miliz, al-Qaida und die deutschen Brigaden*, München: C. H. Beck 2014.

Allerdings war die Organisation auch schon vor der spektakulären Übernahme der Stadt Mosul in der Lage, dort wie auch in der mehrheitlich sunnitischen Provinz Anbar regelmäßig ihre Präsenz zu zeigen, Kämpfer anzuwerben und Schutzgelder einzunehmen. In sunnitischen Städten wie Ramadi oder Fallujah, die sich seit Ende 2013 im offenen Aufstand gegen Bagdad befanden, nachdem die Maliki-Regierung Proteste dort militärisch niederzuschlagen versucht hatte, trat die Organisation teils als Unterstützerin lokaler Milizen auf, teils gelang es ihr, diese beiseitezudrängen und zumindest zeitweise selbst die Kontrolle zu übernehmen.

Baghdadi nutzte vor allem den syrischen Bürgerkrieg zur Expansion. Dort war mithilfe des ISI die sogenannte Al-Nusra-Front (*jabhat al-nusra li-ahl al-Sham*, zu Deutsch etwa: Unterstützungsfront für die Menschen in Syrien) entstanden. Baghdadi ließ 2013 verkünden, dass ISI und Nusra-Front sich unter dem neuen Namen »Islamischer Staat im Irak und in der Levante« (ISIL) vereinigt hätten. Dies führte jedoch zum Bruch: al-Nusra mit ihrer überwiegend syrischen Mitgliedschaft und Führung, der es primär um den Sturz des Asad-Regimes ging, lehnte die unfreundliche Übernahme ab und ordnete sich, wohl in der Hoffnung, dadurch in jihadistischen Kreisen größere Legitimität zu erhalten, Al-Qaida-Führer Zawahiri unter. Dieser wiederum erklärte, mit Baghdadis ISIL nichts mehr zu tun zu haben. Al-Nusra und andere islamistische Rebellenorganisationen verloren allerdings zunehmend Kämpfer an den besser organisierten, ausgerüsteten und finanzierten ISIL, dem es dadurch gelang, immer mehr Gebiete im Osten und Norden Syriens, einschließlich der Provinzhauptstadt Raqqa, unter seine Kontrolle zu bringen.

Der ISIL-Vormarsch in Syrien zeigte auch, dass Baghdadis Organisation einen anderen Krieg führte als die bewaffneten syrischen Oppositionsgruppen islamistischer oder nichtislamistischer Ausrichtung: Schließlich eroberte ISIL fast ausschließlich Gebiete, die zuvor an die Rebellen gefallen waren, und vermied, bis Sommer 2014 jedenfalls, möglichst jede direkte Konfrontation mit Regierungstruppen. Einfacher gesagt: Den syrischen Rebellen ging es um ein anderes Regime in Syrien. Unterschiedliche Fraktionen standen dabei in Konkurrenz zueinander, bekämpften sich auch von Zeit zu Zeit, waren aber grundsätzlich zur Zusammenarbeit miteinander bereit. ISIL wollte einen eigenen Staat, zunächst in mehrheitlich sunnitischen Gebieten Syriens und des Irak, errichten und schloss eine Teilung der Macht mit anderen aus. Dem Regime in Damaskus war das durchaus recht: Die Ausdehnung von ISIL ließ die von den Rebellen gehaltenen Gebiete zusammenschrumpfen, schwächte entsprechend die moderate, international anerkannte Opposition und stabilisierte das Regime, schon weil nicht zuletzt unter Minderheiten und säkularen Muslimen die Angst vor einem Sturz Asads und der Machtübernahme brutalster Islamisten zunahm. Auch international gewann Asads Narrativ – dass man letztlich zwischen ihm und ISIL werde wählen müssen – an Zustimmung.

Ende Juni 2014 nahmen Baghdadis Truppen Mosul ein, die zweitgrößte Stadt des Irak. Da die irakischen Armeeeinheiten in der Stadt sich nahezu kampflos auflösten, fielen der Gruppe enorme Mengen an Fahrzeugen und schweren Waffen in die Hände. Westliche Nachrichtendienste sprachen davon, dass der IS neben mehreren Panzern und Artilleriegeschützen allein bis zu 2000 »Humvees« in seinen Besitz gebracht habe – jene schnellen, leicht gepanzerten Fahrzeuge, die die US-Armee dem

Irak überlassen hatte. Dies erleichterte den raschen weiteren Vormarsch der Kämpfer in andere Teile des Irak und Syriens.

Mit der Eroberung Mosuls änderte die Gruppe erneut ihren Namen. Sie nennt sich selbst und auch die von ihr kontrollierten Gebiete seither nur noch »Islamischer Staat«, ohne den Zusatz Irak und Levante. Gleichzeitig erklärte sie die Wiedererrichtung des Kalifats – der Herrschaft durch einen Nachfolger (*khalifa*) des Propheten Muhammad – und rief Abu Bakr al-Baghdadi zum Kalifen aus, zum geistigen und politischen Führer der Muslime überall auf der Welt. Al-Qaida und andere jihadistische Organisationen seien angehalten, dem neuen Kalifen Gefolgschaft zu leisten.

Dieser Aufforderung kamen zunächst nur wenige Gruppen nach. Nicht nur Vertreter des moderaten traditionalistischen islamischen Mainstreams wie die ägyptische Azhar-Universität oder die Muftis (oberste Rechtsgelehrte) der meisten arabischen Länder erklärten die Ausrufung des Kalifats und die Selbsterhebung Baghdadis zum Kalifen für null und nichtig. Auch eine Reihe salafistischer und jihadistischer Gruppen oder Prediger, die selbst die Wiedererrichtung des Kalifats, das spätestens mit dem Ende des Osmanischen Reiches untergegangen war, als politisches Fernziel anstreben, distanzierten sich, sprachen Baghdadi die notwendige religiöse Legitimität ab oder verwiesen auf den fehlenden Konsens der Gemeinde.

Sehr viel eindrucksvoller und beunruhigender war die rasche militärische Expansion des IS: Kurz nach dem Fall Mosuls eroberte der IS weitere Städte auf dem Weg nach Bagdad, schien Bagdad selbst sowie Erbil, die Hauptstadt der Irakisch-Kurdischen Region, zu bedrohen, fiel ins Siedlungsgebiet der Jesiden ein, machte dann auch in

Syrien Geländegewinne und bedrohte die syrisch-kurdischen Kantone. Gleichzeitig demonstrierte der IS, dass er in den eroberten Territorien auch *anstelle* der nominalen Staaten Irak und Syrien Herrschaft ausüben konnte.

All dies veränderte die geopolitische Situation so entscheidend, dass sich unter Führung der USA eine lose internationale Staatenkoalition bildete, der sich auch mehrere arabische Länder und die Türkei anschlossen. Die USA, andere westliche Staaten, Saudi-Arabien, die VAE, Jordanien und – außerhalb der Koalition – Iran begannen Luftangriffe gegen Ziele des IS zu fliegen. Auch Deutschland ergriff aktiv Partei, indem es Ausrüstungs- und Ausbildungshilfe an die Kurdische Regionalregierung lieferte. Iran schickte auch Offiziere seiner Revolutionsgarden ins Feld, die irakische Milizen ausbildeten und faktisch die Führung bei der Rückeroberung von Gebieten übernahmen, die der IS überrannt hatte. Tatsächlich dürfte die militärische Abstimmung zwischen Iran mit seinen Bodentruppen und den USA mit ihrer Luftwaffe sehr viel weiter gegangen sein, als in Teheran und Washington jeweils für politisch korrekt gehalten wird. Beide Seiten konnten dabei immer erklären, dass sie sich mit der irakischen Armeeführung koordinierten – die bekanntermaßen von beiden unterstützt wird. Politisch übten die USA und Iran zwar nicht direkt gemeinsam, aber zumindest parallel genügend Druck auf den irakischen Regierungschef Maliki aus, um diesen zum Rücktritt zu bewegen und die Bildung einer neuen, inklusiveren Regierung unter dem auch bei irakischen Sunniten akzeptierten Haider al-Abadi auf den Weg zu bringen. Ich habe jedenfalls sowohl von amerikanischen wie von iranischen Gesprächspartnern gehört, ihre jeweilige Regierung habe hierzu Überzeugungsarbeit geleistet. Wahrscheinlich trifft beides zu.

Die regionale und internationale Staatengemeinschaft lehnte also die Ansprüche des IS auf Staatlichkeit und religiös-politische Führerschaft ab. Sie sah sich aber sehr wohl gezwungen, sich mit den Realitäten auseinanderzusetzen, die dieser geschaffen hatte.

Staatsfunktionen und Gewalt

Während dieser Essay entsteht, dominiert der sogenannte Islamische Staat je etwa ein Drittel Syriens und des Irak. In diesen Gebieten leben bis zu acht Millionen Menschen. Der schnelle Vormarsch der IS-Kämpfer im Sommer und Herbst 2014 wurde durch die militärischen Gegenschläge der US-geführten Koalition, Irans, der kurdischen Milizen und anderer bewaffneter Oppositionsgruppen in Syrien und der irakischen Armee zwar gestoppt. Im Norden und Osten Syriens, insbesondere in den Provinzen Raqqa, einschließlich der Provinzhauptstadt, Hassakeh und Deir ez-Zor, sowie im irakischen Mosul und in großen Teilen der westlich von Bagdad und Mosul gelegenen irakischen Provinzen hat der IS sich aber festgesetzt. Hier halten die syrische beziehungsweise die irakische Armee weiterhin einzelne Standorte oder Flughäfen, und bestimmte Orte und Straßenverbindungen sind immer wieder umkämpft. Ein großer Teil des Gebiets ist Wüstensteppe, und der IS ist auch nicht ständig in jedem Dorf präsent. Er kann sich aber ungehindert bewegen und Herrschaft demonstrieren.

Der IS hat in diesen Gebieten und insbesondere in den Städten sehr organsiert damit begonnen, sein Staatsbildungsprojekt umzusetzen. Die Führungskader des IS haben dabei, so scheint es jedenfalls, auch vom Versagen der Staaten gelernt, die sie beerben wollen. So hat der IS zunächst, wo immer er Gebiete erobert hat, systematisch und mit enormer Brutalität versucht, das »staatliche« Gewaltmonopol – sprich: sein eigenes – durchzusetzen. IS-Kommandeure sind zwar hier und da Waffenstillstände mit anderen Organisationen oder lokalen Stammesrepräsentanten eingegangen, haben diese aber immer nur so lange eingehalten, wie sie sich in der schwächeren Position sahen. Wo immer sie die Kontrolle übernahmen, haben sie dafür gesorgt, andere Organisationen und Stammesmilizen zu entwaffnen. Zahlreiche Führer anderer Milizen und Stammesvertreter, die sich weigerten, dem IS Gefolgschaft zu leisten, wurden ermordet. Gewalt gegen Gegner wird nicht heimlich ausgeübt, sondern geradezu inszeniert und durch entsprechende Videos publik gemacht. Das soll potenzielle Gegner terrorisieren und abschrecken und gleichzeitig die eigene Herrschaft demonstrieren.

Man kann hier gewiss von Terrorherrschaft sprechen – ein Begriff, der mit Recht auch für das Regime von Saddam Hussein gebraucht worden ist. Dabei ist dem IS und seinen Anführern offenbar bewusst, dass effektive staatliche oder quasistaatliche Herrschaft sich nur aufbauen und aufrechterhalten lässt, wenn ein Mindestmaß an Akzeptanz der Beherrschten erzeugt wird. Schon deshalb bemüht er sich zu zeigen, dass er Ordnung, Sicherheit und andere öffentliche Dienstleistungen, die das Kerngeschäft eines Staates ausmachen, gewährleisten kann.[4]

Sicherheit wird in ähnlicher Weise durchzusetzen versucht wie bei den alten diktatorischen Regimen: durch ein Netzwerk von Informanten, durch mindestens vier

4 Vgl. hier und im Folgenden vor allem: Faissal Dahmoush/Basel Aljunaidy/Zein Nachar, »Civilian life in the areas controlled by The Islamic State in Syria«, Orient Research Center (März 2015).

unterschiedliche Polizei- oder Sicherheitsdienste – darunter eine Islamische Verkehrspolizei, ein Geheimdienst, der die Kader des IS selbst und auch die vom IS eingesetzten »Islamischen Gerichte« überwacht, und eine Religionspolizei (*diwan al-hisba*: ein Begriff, der im Abbasidenreich das Büro zur Regulierung von Preisen, Maßen und öffentlicher Moral bezeichnete). Letztere setzt unter anderem die strikte Verschleierung der Frauen und die Schließung aller Einrichtungen und Geschäfte während der Gebetszeiten durch – und soll damit auch den Anspruch des IS unterfüttern, einen wahren islamischen Staat zu errichten. Nach außen, nicht zuletzt mit Blick auf potenzielle Unterstützer aus der europäischen Diaspora, wirbt der IS nicht nur mit gewaltglorifizierenden Videos, sondern auch genau damit: dass hier ein idealer islamischer Staat aufgebaut werde, in dem der wahre Muslim in guter islamischer Ordnung leben könne. Erst wenn sie im Herrschaftsgebiet des Staates ankommen, merken viele der jungen Leute, dass es mit den »idealen« Lebensbedingungen nicht so weit her ist. Gerade junge Ausländer werden oft als Erste an einer der Fronten verheizt oder zu Selbstmordanschlägen getrieben.

Der IS hat die von ihm kontrollierten Gebiete in Syrien und im Irak auf Grundlage der vorhandenen Provinzstruktur in *wilayat* (Bezirke) eingeteilt und an deren Spitze jeweils einen *wali* (Gouverneur) sowie je einen Militär-, einen Sicherheits- und einen Scharia-Amir (Befehlshaber) gestellt. »Sicherheit« steht dabei, wie in so vielen Staaten der Region, für den Repressionsapparat, also den mit weitreichenden Vollmachten ausgestatteten Geheimdienst. Damit wird die Struktur sich gegenseitig kontrollierender Apparate repliziert, mit denen auch in Asads Syrien und im Irak unter Saddam Hussein die Provinzen regiert worden sind: Neben dem Gouverneur als

Verwaltungschef standen bzw. stehen dabei der Sekretär der Partei, der Chef des lokalen Armeekommandos und der Geheimdienstchef, wobei Letzterer in Sicherheitsfragen die wichtigste Instanz zu sein pflegt.

Zu den quasistaatlichen Strukturen des IS gehören eine »islamische« Gerichtsbarkeit und diverse »Büros« oder Ministerien für unter anderem Wirtschaft und Finanzen, Gesundheit, Erziehungswesen, Beschäftigung (hier werden sowohl Kader wie Kämpfer rekrutiert) oder für Stammesangelegenheiten. Außerhalb und zum Teil auch innerhalb der Städte in Syrien und im Irak bleiben die Stämme die wichtigste soziale Einheit. Einige der Stämme haben dem IS ihre Gefolgschaft versprochen. Dies geschieht kaum aus religiöser oder politischer Überzeugung, sondern einfach weil es zum Überlebensmodus gehört, sich der dominanten Macht nicht entgegenzustellen. Ähnlich wie unter den alten Regimen erwarten – und erhalten – Stammesführer dafür bestimmte Privilegien: etwa die Kontrolle über bestimmte Ölquellen oder Schmuggelrouten. Gleichzeitig haben die Schergen des IS demonstriert, dass sie mit äußerster Gewalt gegen die Vertreter von Stämmen vorgehen, die oder deren Mitglieder sich ihrer Herrschaft widersetzt haben.

Der IS erhebt Steuern und Gebühren, er lässt subventioniertes Brot verkaufen, Saatgut verteilen, versucht, den Handel mit lokalen und importierten Gütern zu kontrollieren, und er erhält, wenngleich mehr schlecht als recht, die Strom- und Trinkwasserversorgung aufrecht. Er hat auch Hilfslieferungen internationaler Organisationen im eigenen Namen verteilen lassen. Dabei fehlt es dem IS an genügend eigenen Kadern, um tatsächlich ein so großes Gebiet und die zwei Großstädte Mosul und Raqqa effektiv zu verwalten. Er hat deshalb einigen der kommunalen Räte, die sich in Syrien nach dem Beginn des Aufstands gegen Asad gebildet haben, und auch lokalen Hilfsorganisationen erlaubt, weiter ihre Dienste anzubieten, so sie bereit sind, dies unter Kontrolle des IS zu tun. Dasselbe gilt für die Mitarbeiter staatlicher Einrichtungen, die weiter ihre Gehälter aus Damaskus oder Bagdad beziehen. Ausgenommen davon scheint neben dem Sicherheitsbereich nur die Aufsicht über das Erziehungswesen zu sein, wo der IS sehr eindeutig seine eigene ideologische Orientierung durchsetzt: Viele Schulen wurden zunächst geschlossen, Lehrer zu Scharia-Kursen verpflichtet, den Schulen dann neue »islamische« Curricula verordnet, die etwa Philosophie-, Kunst- und Musikunterricht verbieten. Das IS-»Bildungsbüro« ordnete zwar die Wiederaufnahme des Unterrichts an der Universität Mosul an, gab aber gleichzeitig eine strikte Trennung von Männern und Frauen vor – Studentinnen sollen morgens, Studenten nachmittags unterrichtet werden – und schloss unter anderem die Politik-, die Archäologie- und die Kunstfakultät.

Die wirtschaftliche Lage in den IS-Gebieten ist schlecht, aber sie ist eben nach vierjährigem Krieg auch in anderen Teilen Syriens nicht unbedingt besser. Zu den »Staatseinnahmen« trägt neben der pauschalen Besteuerung der lokalen Wirtschaft und den Einnahmen aus der Vermietung beschlagnahmter Immobilien vor allem der Export von Öl bei. Die Luftangriffe der US-geführten Koalition haben viele der kleinen Raffinerien in den Gebieten unter IS-Kontrolle zerstört, allerdings befinden sich der größte Teil der syrischen und einige irakische Ölquellen im IS-Gebiet. Rohöl wird weiter gefördert und mit erheblichen Abschlägen, vermutlich zu gerade mal einem Viertel des Weltmarktpreises, an Abnehmer in der Türkei, in den Irakisch-Kurdischen Gebieten oder an das Regime in Damaskus verkauft. Schätzungen über die

Höhe dieser Einnahmen unterscheiden sich stark – es mag dabei um etwa eine Million Dollar am Tag gehen oder auch nur um ein Viertel dieses Betrags.[5] Andere Einnahmen stammen aus Aktivitäten, die eher in den Bereich der organisierten Kriminalität fallen. Dazu gehören die Lösegelderpressung für Geiseln und »Gebühren« für den Verkauf von Antiquitäten aus Museen oder Raubgrabungen. Für eine Terrororganisation wären die Einnahmen, die der IS erzielt, in der Tat enorm; für einen Staat mit der Einwohnerzahl Jordaniens sind sie es nicht. Um die Gehälter der Kämpfer und anderen Personals und notwendige Importe zu bezahlen, dürfte es ausreichen.

Es wäre zu kurz gegriffen, würde man den IS nur anhand der quasistaatlichen Funktionen beurteilen, die er in seinem Herrschaftsgebiet ausübt. Er muss vor allem als totalitäres und gleichzeitig expansives und hegemoniales Projekt verstanden werden. Seinen totalitären Charakter zeigt der IS schon dadurch, dass er sich als Staat der Rechtgläubigen darstellt und dabei behauptet, es gäbe nur eine zulässige Auslegung der Glaubensgrundsätze. Muslime, die anders denken oder zu anderen Konfessionen gehören, werden zu Ungläubigen erklärt; Andersgläubige werden allenfalls gegen Schutzgeldzahlungen geduldet. In den im Internet verbreiteten Propagandamagazinen des IS gibt es letztlich nur die Aufteilung in wahre Gläubige, die auch Anhänger des Kalifats und

---

5 Am oberen Rand liegen hier die Schätzungen bei Dahmoush/Aljunaidy/Nachar, »Civilian life in the areas controlled by The Islamic State in Syria«, a.a.O.; am unteren die von Onur Burçak Belli et al.: »Die Geschäfte des Kalifen«, in: *Zeit online* (14. Dezember 2014), online verfügbar unter: {http://www.zeit.de/2014/49/islamischer-staat-kalifat-vermoegen} (Stand April 2015).

des Islamischen Staates sind, und verschiedene Katego-rien von Feinden oder Unwissenden: Abtrünnige, Ab-weichler und »Ablehner« (des wahren Glaubens, gemeint sind Schiiten), Ungläubige, Heiden oder »Kreuzritter« sowie Irrende, die noch nicht erkannt haben, dass der IS den wahren Islam vertritt.

Der IS hat seit seinem Vormarsch im Sommer 2014 Tausende ermordet: gefangene Soldaten, Schiiten, An-gehörige religiöser Minderheiten und widerspenstiger Stämme, politische Gegner und ausländische Geiseln; er hat einige hunderttausend Angehörige der jesidischen Minderheit vertrieben, hat christliche oder jesidische Frauen versklavt. Das selbsternannte Kalifat ist damit nicht das einzige Regime in der Region, das Kriegsver-brechen begeht, wohl aber das einzige, das sich brutalster Taten (etwa der Folter und Ermordung von Gefangenen) rühmt, sie per Video und in Online-Hochglanzmagazi-nen propagandistisch verbreitet.

Auch die Zerstörung von antiken Kulturdenkmälern wird – wenig überzeugend – theologisch begründet und medial vermarktet. Sie hat wie die Inszenierungen exzessiver Gewalt eine totalitäre Ratio: Zunächst zeigt der IS damit, ähnlich wie mit den Verbrechen, die er an Menschen in seiner Gewalt verübt hat, dass er hier die Macht hat und sich um die öffentliche Meinung oder um universelle Normen, die auch in der islamischen Welt anerkannt sind, nicht schert. Die bewusste Provokation der Feinde und ihrer Gefühle ist gewollt. Die Zerstörung speziell von schiitischen Gebetshäusern, Sufi-Schreinen oder Kirchen wird als Teil des konfessionellen Krieges gegen die Schiiten, andere abweichende Glaubensrich-tungen und Andersgläubige gefeiert, den die Führer des IS, wie erwähnt, zur essenziellen Jihadistenpflicht erklärt haben. Und sie tut das ihre, um konfessionellen Hass zu schüren und die Polarisierung zwischen den Bevölkerungsgruppen zu verschärfen.

Bei der Zerstörung vorislamischer – assyrischer – Monumente und Kunstwerke geht es darüber hinaus darum, wer die historische Erinnerung und die Identität im Herrschaftsgebiet des IS kontrolliert. Man kann solche Akte als den bewussten oder nicht ganz so bewussten Versuch verstehen, jedes alternative kulturelle Gedächtnis (Jan Assmann) auszulöschen und so eine Form von Staat durchzusetzen, der keine andere Geschichte als die selbstinterpretierte islamische (mehr) kennt. Die Zerstörung nichtislamischer Referenzpunkte ist damit auch eine Kampfansage an alle Akteure, die eine inklusive nationale – irakische, syrische, iranische, jordanische oder was auch immer – Identität pflegen oder wiederherstellen wollen, die die gesamte, tatsächlich ja religiös und kulturell vielgestaltige Geschichte dieser Länder umfasst und damit auch heute unterschiedlichen Gruppierungen ein Gefühl von Heimat und Zugehörigkeit geben kann.[6]

Den expansiven und hegemonialen Charakter des »Islamischen Staates« hat dieser seit der Ausrufung des Kalifats auch mit dem Verzicht auf den geografischen Namenszusatz »im Irak und in der Levante« unterstrichen. Der IS kontrolliert zwar Teile des Irak und Syriens, sein Herrschaftsanspruch reicht aber geografisch weit darüber hinaus – praktisch zunächst einmal in angrenzende

6 Der Archäologe und Präsident der Stiftung Preußischer Kulturbesitz, Hermann Parzinger, hat zu Recht darauf hingewiesen, dass eine solche Art der »kulturellen Barbarei« keine Erfindung der islamischen Welt ist, und sie in eine Linie etwa mit nationalsozialistischen Aktionen zur Vernichtung des kulturellen Erbes gestellt; vgl. »Welterbestätten als Schlachtfelder«, in: *Frankfurter Allgemeine Zeitung* (31. März 2015).

Gebiete, ideologisch erstreckt er sich aber auf die ganze Welt. Wenn Baghdadi in einer Predigt sagt, dass man auch Rom erobern werde, oder der IS Japan den Krieg erklärt,[7] dann ist das zwar Großsprecherei, unterstreicht aber die prinzipiell unbegrenzten Ambitionen des IS. Im Unterschied zu anderen Staatsbildungsprojekten wird der »Islamische Staat« sich auch nicht um diplomatische Anerkennung oder die Mitgliedschaft in den Vereinten Nationen bemühen: Er lehnt das regionale und internationale Staatensystem schlicht ab.

Tatsächlich entfaltet der IS in seiner Radikalität, mit seinen modernen, hochprofessionellen Auftritten im Internet, aber auch angesichts der propagandistisch wertvollen Tatsache, dass die USA und eine weltweite Koalition ihm den Krieg erklärt haben, echte Attraktivität für potenzielle Jihadisten und jihadistische Gruppen in anderen Ländern. Wenn Vertreter der Boko Haram in Nigeria, Ansar Bayt al-Maqdis im ägyptischen Sinai, Ansar al-Scharia in Libyen oder anderer jihadistischer Organisationen ihre Loyalität zum IS und deren Kalif erklären, heißt dies noch nicht, dass sie sich in der Praxis wirklich

7 Die Audiobotschaft Baghdadis vom 1. Juli 2014 findet sich sowohl im Original wie auch in der vom Alhayat Media Center (einer »Agentur« des IS) auf Englisch unter dem Titel »A message to the Mujahidin and the Muslim Ummah in the month of Ramadan from Amirul-Mu'minin Abu Bakr Al-Huayni Al-Qurashi Baghdadi« vertriebenen Version hier und da im Internet. Gegen Ende heißt es: »[Y]ou will conquer Rome and own the world, if Allah wills«. Die »Kriegserklärung« an Japan findet sich in der siebten Ausgabe des IS-Internetmagazins *Dabiq*; vgl. zu dieser Publikation Harleen K. Gambhir, »Dabiq: The strategic messaging of the Islamic State«, Institute for the Study of War, *Backgrounder* (15. August 2014), online verfügbar unter: {http://www.understandingwar.org/sites/default/files/Dabiq%20Backgrounder_Harleen%20Final.pdf} (Stand April 2015).

den Befehlen von Baghdadi oder dessen Umfeld unterordnen würden. Wir haben es hier eher mit einer Form des *branding* zu tun, die beiden Seiten nutzt: Abu Bakr al-Baghdadi hat mit seiner Selbsternennung zum Kalifen explizit den hegemonialen Anspruch auf die Gefolgschaft aller Muslime in der Welt erhoben – und Loyalitätserklärungen aus Ägypten, Libyen, Nigeria, Pakistan oder anderen Ländern scheinen zu zeigen, dass er tatsächlich als »Befehlshaber der Gläubigen« agiert. Die anderen Gruppen können wiederum versuchen, an der Attraktivität des IS teilzuhaben, solange diese anhält.

Die rasche Expansion des IS, die mit der Eroberung Mosuls im Juni 2014 begann, ist durch das militärische Eingreifen regionaler und internationaler Staaten weitgehend gestoppt worden, vor allem im Irak und im Norden Syriens. Allerdings hat der IS weiterhin Vorstöße in der irakischen Provinz Anbar, in zentralsyrische Orte wie die stratigsch wichtige antike Ruinenstadt Palmyra (arab.: Tadmur) und in das Flüchtlingslager Jarmuk bei Damaskus unternehmen können. Jarmuk ist praktisch ein Viertel der syrischen Hauptstadt. Es war bereits kurz nach Beginn des Aufstandes der Kontrolle des Asad-Regimes entglitten und in den folgenden Jahren durch fortwährende Blockaden und Bombardements des Regimes weitgehend zerstört worden. Etwa achtzig Prozent der Einwohner waren geflohen; verbliebene Bewohner und Verteidiger waren zermürbt. Dies erleichterte das Vordringen des IS. Es ist nicht auszuschließen, dass sich Ähnliches auch in anderen Vororten oder Stadtteilen von Damaskus oder in anderen Städten wiederholt.

Der Islamische Staat bedroht, während dieser Essay fertiggestellt wird, in erster Linie die Sicherheit und die Zukunft der Menschen in den vom ihm bereits beherrschten Gebieten. Die Organisation hat deshalb ihre expansive Agenda nicht aufgegeben; sie ist aber auch bei ihrer Ausdehnung in Syrien und im Irak durchaus pragmatisch vorgegangen. So hat sie zwar versucht, die für Versorgung und Schmuggel wichtigen Grenzübergänge zur Türkei unter ihre Kontrolle zu bringen, dabei aber die Grenze zur Türkei respektiert: Die Türkei wäre, wenn sie in die Kämpfe hineingezogen würde, ein zu mächtiger Gegner. Zudem hat der IS davon profitiert, dass die Regierung in Ankara ihn eben nicht als primäre Bedrohung betrachtet, sondern den Zustrom ausländischer Kämpfer über und die Behandlung verletzter IS-Kämpfer in der Türkei toleriert hat.

Der IS wird trotz aller antischiitischen Propaganda kaum versuchen, nach Iran einzufallen oder die mehrheitlich schiitischen Gebiete im Südirak zu erobern. Der IS hat seine Eroberungen und Eroberungsversuche eben auf Gebiete konzentriert, in denen staatliche oder auch alternative, oppositionelle Strukturen schwach sind und zumindest von Teilen der lokalen Bevölkerung Unterstützung und Zustimmung erwartet werden kann. Terroranschläge in Iran, in Bagdad oder in den schiitischen Städten schließt das natürlich nicht aus. Trotz der Luftangriffe der US-geführten Koalition ist auch nicht auszuschließen, dass der IS versucht, mit Blitzangriffen in weitere Teile Syriens, in den Nordlibanon oder nach Jordanien vorzudringen. Die Organisation hat mehrfach demonstriert, dass sie mit ihren Pick-ups und Humvees schnell eine große Zahl von Kämpfern durch die weitgehend menschenleeren Gebiete im Osten Syriens oder im Westen des Irak bewegen kann. Anfang 2015 verübte ein mutmaßliches IS-Kommando einen Anschlag auf einen saudischen Grenzposten, wahrscheinlich mit Unterstützung aus dem Inneren des Landes. Bereits Ende 2014 hatte eine Gruppe saudischer IS-Anhänger, vermutlich »Rückkehrer«, die zuvor in den syrischen Krieg gezogen waren, ein schiitisches Gebetshaus in der saudischen Ostprovinz angegriffen. Saudi-Arabien hat die Bewachung seiner Grenze zum Irak deshalb verstärkt. Die Vorfälle unterstreichen aber, dass die Sicherheit des Königreichs eher durch Sympathien bedroht wird, die der IS in der saudischen Bevölkerung genießt, als durch einen möglichen Vormarsch von IS-Kämpfern. Verlässliche Daten, etwa aus systematischen Meinungsumfragen, gibt es dazu nicht. Sicher ist, dass die saudischen Behörden selbst besorgt sind, nicht zuletzt über die hohe Zahl junger Saudis, die in Syrien in den Reihen des IS kämpfen. Ein Indiz dafür, dass Sympathien für den IS im saudischen Königreich vergleichsweise weiter verbreitet sind als anderswo, findet sich in einer Brookings-Studie über die geografische Verteilung von Twitter-Nutzern (bzw. entsprechender »Accounts«), die den IS unterstützen oder dessen Inhalte weiterverbreiten: Demnach befanden sich 28 Prozent dieser Nutzer in Syrien oder im Irak – vor allem wohl in den Herrschaftsgebieten des IS –, mit 27 Prozent aber fast ebenso viele in Saudi-Arabien.[8]

Auch begrenzte, temporäre Vorstöße des IS in Syrien oder im Irak würden weitere Flüchtlingswellen auslösen und Staaten wie Jordanien, den Libanon oder die Türkei noch stärker belasten als ohnehin schon. Und so lange der IS Erfolg demonstrieren kann – am sichtbarsten, wo er Gelände gewinnt oder in der Lage ist, sich gegen

8 Vgl. J. M. Berger/Jonathon Morgan, »The ISIS Twitter Census: Defining and describing the population of ISIS supporters on Twitter« (März 2015), online verfügbar unter: {http://www.brookings.edu/ research/papers/2015/03/isis-twitter-census-berger-morgan} (Stand April 2015).

scheinbar überlegene militärische Macht zu verteidigen –, wird er mehr jihadistische Nachwuchskräfte auch aus Europa, Russland und anderen Ländern rekrutieren von denen einige später in ihre Heimat zurückkehren werden. Immerhin sind mittlerweile einige Tausend überwiegend junger Muslime aus anderen arabischen Ländern, aus EU-Staaten, Russland, den USA und anderen Ländern als »ausländische Kämpfer« nach Syrien und in den Irak gegangen; viele sind dabei ums Leben gekommen.

2015 nahm man an, dass der IS etwa 30 000 Kämpfer regelmäßig bezahlt. Mehr noch als die schiere Zahl der Kämpfer, die der IS mobilisieren kann, muss beunruhigen, dass der lokale Widerstand gegen dessen Terrorherrschaft relativ begrenzt geblieben ist. Große Teile der Bevölkerung arrangieren sich eben – nicht, weil sie den IS für gut, sondern weil sie die Regierungen in Bagdad oder Damaskus für noch schlimmer halten, sich von diesen marginalisiert oder unterdrückt fühlen. Ich fand es einigermaßen erschütternd, vom Gouverneur der Provinz Ninive zu hören, dass viele Leute in der Provinzhauptstadt Mosul den Einmarsch des IS als »Befreiung« von den dort stationierten Einheiten der irakischen Armee begrüßt hätten. Einige Monate später, so sagt er und sagen auch andere, habe der Unmut über die Herrschaft des IS allerdings spürbar zugenommen – in erster Linie wegen der immer häufigeren Versorgungsengpässe.

Viele Einwohner Raqqas und anderer syrischer Ortschaften, die unter die Herrschaft des IS geraten sind, haben Berichten zufolge die Wiederherstellung selbst einer brutalen Form der Sicherheit, die der IS versprach, dem Chaos vorgezogen, das sie nach dem Zusammenbruch staatlicher Institutionen und mit den blutigen Auseinandersetzungen zwischen verschiedenen Oppositionsfraktionen erlebt hatten. Ähnliches ist immer wieder von einem anderen Konfliktschauplatz – Afghanistan – berichtet worden, wo den Taliban oft zugutegehalten wurde, dass sie nach dem Bürgerkrieg zwar ein barbarisches Rechtssystem, aber immerhin ein Rechtssystem wiederhergestellt hätten. Dass viele Syrer die Form der Herrschaftsausübung (das Spitzelwesen, die Übermacht des Geheimdienstes, die Instrumentalisierung von Stammesvertretern zur Kontrolle lokaler Gemeinschaften) unabhängig von ihrem ostentativ »islamischen« Inhalt bereits kennen, erleichtert es ironischerweise sowohl dem IS, seine Herrschaft zu sichern, als auch den Einwohnern, sich unter den neuen Herren zurechtzufinden.

Eine militärische, politische und ideologische Herausforderung

Die USA, europäische Staaten und andere internationale Mächte können ihre regionalen Partner im Kampf gegen den »Islamischen Staat« unterstützen und sollten dies auch tun. Den eigentlichen Kampf müssen diese Partner selbst führen, schon aus Gründen der Glaubwürdigkeit. Der IS wird nicht einfach verschwinden, sondern wird – auch – militärisch besiegt werden müssen. Haltbare Lösungen für den Irak und für Syrien sind allerdings nur politisch zu erzielen: So wird der Irak sich ohne eine tatsächlich inklusive Regierung in Bagdad, die auch den arabischen Sunniten das Gefühl gibt, ihren Anteil am Staat zu haben, nicht wieder zusammenbauen lassen. Syrien braucht zunächst einen Waffenstillstand, oder viele lokale Waffenstillstände, zwischen den Truppen des Regimes und jenen moderaten Rebellen, die sich in einem Zweifrontenkrieg zwischen Regime und IS befinden. Dies ist nicht nur aus humanitären Gründen notwendig, sondern wohl auch die einzige Möglichkeit, allmählich den Weg für eine politische Lösung zu bahnen, die Syrien vielleicht doch noch als Staat erhält.

Die konfessionelle Polarisierung macht es vor allem im Irak schwierig, dem IS auch politisch das Wasser abzugraben. Die irakische Regierung hat nach der Eroberung Mosuls durch den IS und dem Zusammenbruch der dortigen Armeeeinheiten zunächst schiitische Milizen mobilisiert, um Bagdad und schiitische Siedlungsgebiete zu verteidigen, zum Teil auch um verlorenes Terrain zurückzugewinnen. Auch die neue irakische Regierung unter Haider al-Abadi lässt es zu, dass sich schiitische Einheiten der regulären Sicherheitskräfte wie eine konfessionelle Miliz präsentieren. In der Tat komme es vor, so antwortete mir der irakische Ministerpräsident auf der Münchener Sicherheitskonferenz Anfang 2015, dass an Kontrollposten der Armee in Bagdad Banner mit dem Slogan »Ya Hussein« (»Oh Hussein«) aufgezogen seien – aber das sei doch überhaupt kein konfessionalistischer Ausdruck. Abadi weiß natürlich, dass das nicht stimmt: Hussein, der Sohn Alis und Enkel des Propheten Muhammad, ist nun einmal *die* schiitische Märtyrerfigur. Die irakische Regierung versucht zweifellos, die Autorität des Staates durchzusetzen, nutzt dazu aber Formen der konfessionellen Mobilisierung – und unterminiert sich damit selbst.

Aus demselben Grund mag die Unterstützung schiitischer Milizen und iranischer Militärs bei der Rückeroberung der sunnitischen Stadt Tikrit zwar militärisch sinnvoll gewesen sein, politisch aber kontraproduktiv. Bilder, die den iranischen General Qasim Sulaimani als De-facto-Kommandeur einer gemeinsamen Operation regulärer irakischer Armeeeinheiten und schiitischer Milizen zeigten, haben bei vielen arabischen Sunniten nur das Gefühl befördert, dass der Irak mehr und mehr unter iranische und schiitische Kontrolle gerät, wenn sie sich nicht verteidigen – oder notfalls auch durch den IS verteidigen lassen. Berichte von Plünderungen der irakischen Armee im befreiten Tikrit dürften ebenfalls dazu beitragen, dass ein Teil der arabischen Sunniten in Mosul nicht gerade darauf wartet, durch die irakische Armee befreit zu werden.

Abadi und seine Regierung sind sich des Risikos bewusst, dass der Einsatz schiitischer Milizen in mehrheitlich sunnitischen Gebieten dem IS dort weiteren Zulauf verschaffen kann. Auch deshalb hatte man sich im Zuge der Regierungsbildung mit sunnitischen Vertretern im Parlament darauf geeinigt, eine Nationalgarde zu bilden, die in den einzelnen Provinzen rekrutiert werden soll. Die Umsetzung dieses Vorhabens steht bislang aus – vor allem wegen des Widerstands schiitischer Parteien. Diese befürchten ganz offensichtlich, dass damit in den arabisch-sunnitischen Provinzen eine Truppe entstehen würde, die dem IS zwar möglicherweise die Kontrolle über einen Teil seines Herrschaftsgebiets entreißen, dann aber auch die schiitisch dominierten staatlichen Sicherheitskräfte herausfordern könnte.

In Syrien wirkt das Regime von Baschar al-Asad weiterhin als großer Radikalisierer: Solange Asad an der Macht ist, sich echten Waffenstillständen und einer politischen Lösung verweigert, die nicht einfach auf eine Kapitulation von moderater Opposition und Rebellen hinausläuft, solange die Zivilbevölkerung in den Rebellengebieten weiterhin durch »Fassbomben« und Artilleriebeschuss terrorisiert wird, so lange wird ein großer Teil der sunnitisch-arabischen Bevölkerung im IS eben nicht die schlimmste Bedrohung sehen. Trotz der Verluste, die der IS durch die Luftangriffe westlicher und arabischer Staaten zu erleiden hatte, ist es ihm offensichtlich nicht schwergefallen, in Syrien neue Kämpfer zu rekrutieren. Die relativ gute Bezahlung durch den IS spielt dabei eine Rolle, aber eben auch die zunehmende Polarisierung, die viele Sunniten – gerade aus dem marginalisierten Nordosten Syriens – in den Jihadisten die einzige echte Alternative zu Asad erblicken lässt. Dass die internationale Koalition zwar IS-Stellungen bombardiert, dem Asad-Regime aber freie Hand lässt, trägt im Zweifelsfall zur Radikalisierung unter Syriens Sunniten bei.

Alarmierend ist auch, dass der von Saudi-Arabien geführte regionale Teil der internationalen Koalition kein wirklich überzeugendes ideologisches Alternativangebot aufweist: Die religiös-politische Sprache des selbsternannten Kalifen Baghdadi sowie die dahinterliegende totalitäre Islamauslegung unterscheiden sich an vielen Stellen nur wenig von dem, was man auch von saudischen Religionsgelehrten hören kann. Dies gilt nicht zuletzt mit Blick auf die Denunzierung der Schiiten als »Verweigerer« des rechten Glaubens, den Umgang mit angeblichen Ketzern oder die Haltung gegenüber Frauen und ihrer Rolle im öffentlichen Leben. Auch die wahhabitischen Krieger des Hauses Saud, die sogenannten *ikhwan* (Brüder), haben im 19. und zu Beginn des 20. Jahrhunderts, in der langen Entstehungsphase des Königreichs, Feldzüge in den Irak unternommen, dort schiitische Heiligtümer zerstört oder in Mekka und Medina Gräber aus der islamischen Frühzeit dem Erdboden gleichgemacht, in deren Verehrung sie eine Abweichung vom wahren Glauben sahen. Bestimmte Institutionen des saudischen Staates wie die Religionspolizei (offiziell: *hay'at al-amr bi-l-ma'ruf wa-l-nahy 'an il-munkar*, Organisation zur Förderung des Gebotenen und zur Verhinderung des Verbotenen) sind im »Islamischen Staat« kopiert worden, wenngleich unter anderem Namen. Unterstützer des IS, nicht zuletzt solche, die aus Saudi-Arabien stammen, werfen der saudischen Monarchie vor allem vor, dass sie in der Praxis von ihrer eigenen Lehre abweicht und sehen sich selbst als die wahren Wahhabiten. In Saudi-Arabien gibt es bislang keine offene Auseinandersetzung mit der Frage, inwieweit die eigenen religiös-politischen Dogmen gleichzeitig auch die geistige Grundlage der IS-Ideologie bilden.

Zweifellos ist das saudische Staatsmodell ein anderes als das des IS – Saudi-Arabien versteht sich als Staat unter Staaten, der mit seiner internationalen Umgebung auf der Grundlage des Völkerrechts zusammenlebt. Das Königreich ist an einer stabilen regionalen und internationalen Ordnung und an einer prosperierenden Weltwirtschaft interessiert. Die Regierung hat die Teilnahme saudischer Bürger am Krieg in Syrien unter Strafe gestellt. Die staatlichen und religiösen Autoritäten des Königreichs haben den IS zu Terroristen beziehungsweise zu Feinden des Islam erklärt, wobei die Rechtsgelehrten nicht darauf hinzuweisen vergaßen, dass eine der schwersten Sünden, der diese Gruppe sich schuldig mache, darin bestehe, sich dem Herrscher – konkret also dem saudischen Herrscherhaus – zu widersetzen.[9]

Eine Gruppe von mehr als 120 islamischen Rechtsgelehrten aus dem traditionalistischen Spektrum, unter denen sich allerdings nur ein Saudi befand, ist hier im Herbst 2014 deutlich weiter gegangen und hat mit einem »Brief« an Baghdadi versucht, die religiöse Propaganda

9 »Saudi Council of Senior Scholars warn against ›heinous‹ terrorism«, in: *Asharq Al-Awsat* (17. September 2014), online verfügbar unter: {http://www.aawsat.net/2014/09/article55336683/saudi-council-of-senior-scholars-warn-against-heinous-terrorism} (Stand April 2015).

des IS durch eine ausführliche theologische Argumentation zu widerlegen, die im selben Diskurssystem bleibt: mit striktem Bezug auf den Text des Koran und die anerkannten Überlieferungen des Propheten sowie auf Autoritäten wie Ibn Taimiyya, einen Rechtsgelehrten des 14. Jahrhunderts, der in vielerlei Hinsicht als Vorläufer salafistischer Bewegungen gilt. In der Sprache eines religiösen Rechtsgutachtens wird Baghdadi dabei »nachgewiesen«, dass – unter anderem – die Verfolgung von Jesiden und Christen, die Ermordung von Kindern, Gefangenen, Entwicklungshelfern oder Journalisten sowie Folter und Zwangsbekehrungen im Islam verboten seien und dass es, anders als von Propagandisten Baghdadis behauptet, sehr wohl ein Leben ohne Jihad geben könne.[10] Auch von der ägyptischen Azhar-Universität wurde wenig später eine Erklärung veröffentlicht, in der, ohne den IS zu nennen, die Verfolgung von Christen und Angehörigen anderer Religionsgemeinschaften sowie die Schändung heiliger Stätten als Verbrechen gebrandmarkt wurden, die im Widerspruch zum wahren Islam stehen.[11]

10 Dieser »Offene Brief« an den Führer des IS findet sich im Internet unter {www.lettertobaghdadi.com} (Stand April 2015). Der »Nachweis« von Fehlinterpretationen in der religiös-ideologischen Propaganda des IS entspricht dem üblichen argumentativen Vorgehen konservativer sunnitischer Rechtsgelehrter, für die es bei theologischen Fragen keinen Platz für Zweifel oder Zweideutigkeiten gibt: Es gilt nur der klare »Beweis« unter Bezug auf Koran und anerkannte Überlieferungen (Sunna) des Propheten. Wer zu einem anderen Urteil kommt, irrt eben.

11 »Erklärung der Al-Azhar zur Bekämpfung von Fundamentalismus und Terrorismus. Internationale Konferenz vom 03. und 04. Dezember 2014 zur Bekämpfung von Fundamentalismus und Terrorismus«, Manuskriptausdruck ohne Herausgeber, siehe auch: {http://www.

Die theologische Basis, auf die sich der selbsternannte Kalif Baghdadi stützt, mag schmal sein, und es ist wichtig, dass islamische Theologen die ideologische Herausforderung annehmen, die der IS darstellt. Wie überzeugend solche theologischen Dispute oder die Erklärungen von Vertretern des saudischen Staatsislam, der Azhar-Universität und anderer offizieller religiöser Autoritäten auf junge gewaltbereite Menschen wirken, sei dahingestellt. Vor allem, wenn sich an den sozialen und politischen Verhältnissen in ihren Ländern nichts ändert und gleichzeitig die konfessionelle Polarisierung in der Region weiter zunimmt.

egyptembassy.net/news/al-azhar-conference-calls-for-muslims-to-combat-extremist-ideology/} (Stand April 2015).

Zukunftsfragen, Zukunftsbilder

Vieles spricht dafür, dass der sogenannte Islamische Staat, im Irak und in Syrien jedenfalls, durch die militärischen Aktionen internationaler und regionaler Staaten geschwächt und an einigen Fronten zumindest zurückgedrängt werden kann. Es ist denkbar, dass die irakische Armee Mosul zurückerobert oder erobert hat, wenn dieser Band erscheint. Die Anziehungskraft des IS dürfte nachlassen, je weniger er in der Lage ist, die Versorgung der Bevölkerung und die wichtigsten Dienstleistungen in den von ihm beherrschten Gebieten sicherzustellen. Auch eine Vertreibung des IS aus Mosul oder aus anderen irakischen Städten böte jedoch allenfalls eine Chance für inneren Frieden und Stabilität im Irak, garantiert die Wiederherstellung der inneren Einheit des Landes aber nicht. Ebenso wäre der syrische Bürgerkrieg mit dem Zerfall der IS-Herrschaft im Osten Syriens wohl kaum beendet. Der anhaltende Aufstand eines Teils der syrischen Bevölkerung gegen das Regime ist eben nicht durch die Terrorherrschaft des IS in Raqqa oder Deir ez-Zor ausgelöst worden. Vielmehr haben Bürgerkrieg, Staatszerfall und nicht zuletzt die anhaltende militärische Gewalt des Regimes gegen »oppositionelle« Städte, Stadtteile und Regionen es überhaupt erst möglich gemacht, dass der IS sich in Teilen des Landes ausbreitete, festsetzte und dass er bis heute weiteren Zulauf erhält. Dies kann auch in der Umgebung oder in Vierteln der Hauptstadt Damaskus geschehen. Insofern wäre es richtiger, darauf zu setzen – auch hier gibt es allerdings keine Garantien –, dass ein Ende des Bürgerkriegs und die Einigung auf eine glaubwürdige Übergangsregierung es

möglich machen könnten, effektiv gegen den IS vorzuge-
hen und die Bürger in diesen Gebieten für den Staat zurückzugewinnen.

Die Fragilität von Staaten, die wir ja nicht nur in Syrien
oder im Irak, sondern auch im Jemen oder in Libyen erleben, hat wenig mit der Schwäche von Sicherheitsappa-
raten oder fehlenden Ressourcen zu tun, sehr viel jedoch
mit einem Mangel an Inklusion. Wo immer wir in der
arabischen Welt oder auch in benachbarten Regionen
Staaten scheitern sehen, wo immer Jihadisten vom Schla-
ge des IS in der Lage sind, Raum zu kontrollieren, liegt
zumindest eine Ursache in der politischen oder wirtschaftlichen Marginalisierung von Teilen des Landes und
Teilen der Bevölkerung, oft entlang tribaler, ethnischer,
sozialer, konfessioneller oder regionaler Linien. In Syrien und im Irak, aber auch in Ländern wie der Türkei,
in Saudi-Arabien, in Bahrain oder im Jemen haben Teile
der Eliten zudem bestehende religiöse, konfessionelle
oder ethnische Bindungen als Mittel der politischen Mobilisierung genutzt – und damit die so gern beschworene
nationale Einheit in ihren eigenen Staaten unterminiert
oder Konflikte in anderen Ländern angeheizt.

Dies heißt auch, dass ohne eine Form der Machtteilung, bei der alle Bevölkerungsgruppen sich vertreten sehen, in Syrien und im Irak allenfalls fortgesetzte Gewalt
und territoriale Abspaltungen, aber keine haltbare Wiederherstellung von Staatlichkeit und innerem Frieden zu
erwarten ist. Eine relativ sichere Prognose lautet, dass
weder Syrien noch der Irak – der sich bereits eine föde-
ralistische Verfassung gegeben hat – als zentralistische
Staaten und schon gar nicht als autoritär regierte Einpar-
teienstaaten in ihren heutigen Grenzen wiederentstehen
werden. Machtteilung kann sehr verschiedene Formen
annehmen, die sich sinnvollerweise auf lokale Erfah-

rungen gründen: breite Koalitions- oder Einheitsregierungen, parlamentarische Sperrminoritäten oder zweite Kammern, die Regionen oder Religionsgemeinschaften repräsentieren, unterschiedliche Spielarten der Dezentralisierung und Selbstverwaltung. Dabei geht es selbstverständlich nicht nur um die politische Repräsentation in nationalen Gremien, sondern auch um die Teilhabe an wirtschaftlicher und sozialer Entwicklung. Politische Reformen, die die Ursachen der Konflikte angehen, insbesondere die selbstherrliche Haltung der Führungseliten, die den Staat als ihr Eigentum zu betrachten scheinen, müssten folgen. Im Jemen und in Libyen gilt prinzipiell das Gleiche: Ohne Formen der Machtteilung, die alle relevanten Kräfte einbinden, und ohne glaubwürdige Regierungen werden solch politisch und identitär zerklüfteten Länder zerfallen.

Nicht alle Staaten in der Region – darauf habe ich oben hingewiesen – sind in dieser Form zerrissen. In Ägypten wird es eher darum gehen, dass substanzielle Wählergruppen, die sich am ehesten von moderat islamistischen Parteien wie der Muslimbruderschaft vertreten sehen, wieder eine Stimme bekommen. In Marokko, Jordanien, Tunesien, auch in Algerien nach dem Bürgerkrieg haben entsprechende Parteien sich in das politische Gefüge einbauen lassen und damit zur Stabilisierung des Gemeinwesens beigetragen. Im Iran wird sich zeigen, ob das Land reformfähig genug ist, um auch seiner jungen, gut ausgebildeten und weltoffenen Mittelschicht eine Perspektive zu bieten. Saudi-Arabien wäre für die Zukunft besser gerüstet, wenn es Bürger und Bürgerinnen als solche behandeln würde – unabhängig von Geschlecht oder Konfession. Das Risiko für diese Staaten liegt nicht im Zerfall, sondern in einer Form politischer und gesellschaftlicher Stagnation, die möglicherweise erst durch

Massenproteste aufbricht – wie 2011 in Ägypten und anderen Ländern.

In Syrien werden die Menschen – oder konkreter: Vertreterinnen und Vertreter der unterschiedlichen Bevölkerungsgruppen – irgendwann entscheiden müssen, ob und in welcher Form sie weiter gemeinsam in einem Staat leben wollen. Dies könnte im besten Fall, und vielleicht nicht nur im abstrakten Sinn, zu einer Art Gesellschaftsvertrag führen. Jeder Bürgerkrieg endet irgendwann – und zwar entweder durch den Sieg einer Kriegspartei, durch einen Kompromiss oder durch allgemeine Erschöpfung. Keine der syrischen Parteien ist heute stark genug, um über die andere oder die anderen zu siegen, und die Bevölkerung ist erschöpft. Der Krieg in Syrien ist aber mittlerweile ein regionalisierter Konflikt geworden. Es ist kein Stellvertreterkrieg im klassischen Sinn, wohl aber ein Konflikt, in dem alle Parteien Unterstützung von außen erwarten und regionale Spannungen den Krieg weiter befeuern. Ohne eine Entspannung zwischen Iran und Saudi-Arabien ist deshalb auf absehbare Zeit in Syrien keine Konfliktlösung zu erwarten, werden auch Bemühungen noch so vieler Emissäre der Vereinten Nationen nichts fruchten.

Ohne Entspannung zwischen Riad und Teheran wird sich auch das Gift der Konfessionalisierung weiter verbreiten, das die Konflikte nicht nur in Syrien, sondern auch im Irak, potenziell im Libanon und im Jemen anheizt. Hier ist es ein wenig wie mit dem Geist aus der Flasche: Man kann das konfessionelle Motiv zur Mobilisierung nutzen, den freigesetzten Konfessionalismus aber kaum wieder einfangen. In Syrien und im Irak erleben wir, wie sehr Hass und, wichtiger noch, Angst vor der Rache und dem Hass der jeweils anderen Seite die konfessionelle Polarisierung unterstützen. Das Narrativ vom konfessionellen Krieg zwischen Sunniten und Schiiten hat sich mittlerweile so weit verselbständigt, dass jede neue Auseinandersetzung, im Jemen beispielsweise, unmittelbar als sunnitisch-schiitischer Krieg oder Stellvertreterkrieg verstanden wird, auch wenn dort andere Konfliktlinien sehr viel tiefer schneiden.

Politisch ist es sinnvoll, nach den Bedingungen zu fragen, die notwendig sind, um die Bürgerkriege zu beenden und die betroffenen Staaten wieder zusammenzubauen. Nur sollte man sich nicht darauf verlassen, dass diese auch eintreten. Zu den denkbaren, wenngleich absolut nicht wünschenswerten Szenarien gehört auch das einer weiteren Fragmentierung. Dies könnte beinhalten, dass Syrien, das derzeit schon mindestens viergeteilt ist, in mehrere quasisouveräne Einheiten zerfällt, darunter ein Alawitenstaat an der Küste, ein syrisch-kurdischer Ministaat im Nordosten, ein auf Teile Ostsyriens und des westlichen Irak zusammengeschrumpftes »Kalifat«, vielleicht eine autonome Region Aleppo und eine Republik Damaskus oder, schlimmer noch, eine auf Jahre geteilte und weitgehend zerstörte nominelle Hauptstadt, in der sich Regimemilizen und Kämpfer des IS in je unterschiedlichen Vierteln eingerichtet haben. Irakisch-Kurdistan wäre unabhängig, seine Grenzen zum Irak, vielleicht auch zu den kurdischen Gebieten in Syrien, würden aber umstritten bleiben. Im Zentralirak könnte eine autonome Sunnitisch-Irakische Region oder mehrere konkurrierende Emirate entstehen. Auch im Jemen und in Libyen wäre eine Zwei- bis Dreiteilung zu erwarten. Der Gazastreifen bliebe eine faktisch autonome Republik unter der Herrschaft der Hamas; die palästinensische Westbank wäre formal der Sitz eines Staates Palästina, faktisch aber eine Ansammlung einzelner, nicht einmal geografisch zusammenhängender Gemeinden unter israelischer Oberhoheit. Keiner der genannten Staaten würde sauber zerfallen, etwa auf der Basis alter osmanischer Provinzen oder entlang der Grenzen, die unter französischer Mandatsherrschaft einst in Syrien festgelegt worden waren. Ägypten, Iran, die Türkei und Saudi-Arabien könnten ihre territoriale Integrität bewahren, würden aber auf längere Zeit in die Konflikte innerhalb und zwischen den vielen aus den alten Staaten herausgebrochenen Einheiten hineingezogen werden. Die USA, die Europäische Union, Russland, China und Indien würden sich aus diesen Konflikten herauszuhalten versuchen, solange ihre eigenen Interessen nicht massiv gefährdet sind.

Aber auch dies ist nur ein grob gezimmertes und unvollständiges Szenario. Wir wissen einfach nicht, wohin die Region und die einzelnen Länder sich entwickeln. Wo immer wir es mit Ungewissheiten großen Maßstabs zu tun haben, werden lokale und externe Beobachter historische Analogien bemühen. Dabei geht es gar nicht darum, ob diese Analogien »exakt« sind – sie sind es natürlich nicht! –, sondern allenfalls darum, ob sie als heuristische Hilfsmittel dienen können, um über entscheidende Aspekte möglicher Zukünfte nachzudenken, solche, die man sich wünscht, und solche, die man lieber vermeiden möchte.

Eine vor allem in der regionalen Diskussion verbreitete Analogie, die auch ich hier schon mehrfach zitiert habe, ist die zum Sykes-Picot-Abkommen. Wo immer sie bemüht wird, geht man davon aus, dass die großen Mächte der Welt ein *Grand Design* für die Region haben, mit dem sie ihre Interessen dort durchzusetzen versuchen werden. Regionale Akteure haben demnach ihre Rolle, sind aber letztlich nur Figuren auf dem großen Spielbrett der Weltpolitik. Insofern werden auch die Verhandlungen der USA und anderer internationaler Mächte mit Iran und die Mächtekonstellationen im Kampf gegen den IS gelegentlich als Elemente oder Vorboten einer von außen oktroyierten Neuordnung der Region, eines neuen »Sykes-Picot«, interpretiert. Dass die Großmächte sich weitgehend heraushalten könnten, ist in diesem gedanklichen Rahmen schwer vorstellbar.

Zwei andere Analogien, die historisch und geografisch weiter zurückgreifen, sich aber dennoch aufdrängen, sind die zum Dreißigjährigen Krieg (1618-1648) und die zum Wiener Kongress (1814/1815). Die Dreißigjähriger-Kriegs-Analogie ist angesichts der konfessionellen Polarisierung im Nahen Osten schon gelegentlich gezogen worden:[1] Die verschiedenen Lager werden über ihre Zugehörigkeit zu einer der zwei großen Konfessionsgemeinschaften definiert, auch wenn es nicht in erster Linie um Religion, sondern um die Interessen von größeren und kleineren Mächten geht, die aus Opportunitätsgründen, wenn nötig, sehr wohl über ihren konfessionellen Schatten springen können. Ein Teil der Akteure ist tatsächlich religiös motiviert. Die Auseinandersetzung überspannt eine ganze Region, auch wenn sie nicht in allen Ländern und nicht überall gleichzeitig ausgetragen wird. Einige Staaten sind primär durch Soldaten und Söldner beteiligt. Was Bürgerkrieg und was internationaler Krieg ist, lässt sich nicht immer präzise auseinan-

---

1 Vgl. etwa Greg. R. Lawson, »A Thirty Years' War in the Middle East«, in: *The National Interest* (16. April 2014), online verfügbar unter: {http://nationalinterest.org/feature/thirty-years-war-the-middle-east-10266} (Stand April 2015); Richard Haass, »The New Thirty Years' War«, in: *Project Syndicate* (21. Juli 2014), online verfügbar unter: {http://www.project-syndicate.org/commentary/richard-n-haass-argues-that-the-middle-east-is-less-a-problem-to-be-solved-than-a-condition-to-be-managed} (Stand April 2015).

derhalten. Die Zonen faktischer Herrschaft, die Staaten, freie Städte, religiöse Autoritäten, Heere, Milizen oder Räuberbanden über Personen und Territorien ausüben, überlappen einander oft genug. Die meisten Länder, besonders die im Zentrum des Orkans, erleiden enorme Verluste und werden in ihrer demografischen und wirtschaftlichen Entwicklung um Jahrzehnte zurückgeworfen. Vor allem aber, und hier liegt die dunkle Vorahnung der Analogie, dauert der Krieg eben selbst drei Jahrzehnte lang, länger als eine Generation.

Die Analogie zum Wiener Kongress verweist vor allem auf zwei Aspekte: darauf, dass sich nach einer Phase von Revolution und Krieg die großen Mächte der betroffenen Region zusammenfinden, um eine konservative Ordnung zu retten beziehungsweise wiederherzustellen, aber auch auf die intensive und vor allem inklusive Konferenzdiplomatie, die zwar nicht alle Parteien gleich behandelt, aber alle Antagonisten an den Tisch bringt, um einen haltbaren Konsens zu finden. Es geht um unterschiedliche, miteinander verwobene Konfliktsituationen; die Verhandlungen brauchen Zeit, und sie zielen auf einen Ausgleich ab, bei dem keine relevante Partei als Verlierer dasteht und deshalb später auch nicht nach Revision und Revanche strebt. Dabei entsteht dann ein rudimentäres, wie man heute sagen würde, regionales Sicherheitssystem: eine Regionalordnung, die durch das »Konzert« der regionalen Großmächte aufrechterhalten wird. Auf den heutigen Nahen und Mittleren Osten bezogen würde dies heißen, dass Saudi-Arabien und Iran sich gemeinsam mit anderen wichtigen Regionalstaaten wie der Türkei, Ägypten oder den VAE um Konfliktbeilegung bemühen und als Garanten einer inklusiven Ordnung verstehen müssten. Dies könnte es auch erlauben, in Syrien einen Friedensprozess auf den Weg zu bringen, der von der regionalen Staatengemeinschaft unterstützt wird. Eine Machtteilung in Libyen oder im Jemen wird ebenfalls nur gelingen, wenn die regionalen Vormächte gemeinsam von allen Versuchen Abstand nehmen, der einen oder anderen Konfliktpartei militärisch zum Sieg zu verhelfen.

Wie alle Analogien hilft auch diese nur, bestimmte Aspekte einer historischen Situation hervorzuheben. Als Blaupause für die Zukunft taugt sie nicht. Die Analogie zum Wiener Kongress ist mit Blick auf die heutige Situation im Nahen und Mittleren Osten schon deshalb unvollständig, weil gesellschaftliche Akteure darin keine Rolle spielen. Diese sind aber, spätestens seit den Protesten und Aufständen von 2011, aus der realen Politik der Region nicht mehr wegzudenken. In allen Staaten der Region, auch da, wo Protest und Reformforderungen unterdrückt worden sind, ist eine neue Form der Öffentlichkeit entstanden, die sich zumindest über das Internet und die sozialen Medien zu Wort meldet. Öffentlichkeit ist dabei nicht gleich Opposition, sie steht auch nicht überall für eine Forderung nach Demokratie oder politischer Transformation. Wohl aber gibt es flächendeckend ein gestärktes Bewusstsein dafür, dass Bürger und Bürgerinnen Rechte haben, vor allem ein Recht darauf, anständig regiert zu werden. Und dass, wo dies nicht geschieht, Regime auch stürzen können.

Iran: Atomabkommen als Game-Changer?

Die geopolitischen Entwicklungen in der Region hängen, wie verschiedentlich angesprochen, zu einem beträchtlichen Teil von den Beziehungen Irans zu seiner Umgebung ab. Dazu gehörte seit der iranischen Revolution im Jahre 1979, gewissermaßen als weitere Konstante des Nahen und Mittleren Ostens, wie wir ihn kennen, das gespannte, zum Teil auch offen feindliche Verhältnis Irans zum Westen, insbesondere zu den USA. Iran ist seit mehr als dreißig Jahren mit US-Sanktionen und seit knapp zehn Jahren mit einer Serie von Sanktionen des UN-Sicherheitsrats und der Europäischen Union belegt, die zuletzt auch den Zugang Irans zum internationalen Energie- und Finanzmarkt stark eingeschränkt haben. Vor allem die europäisch-iranischen Beziehungen verengten sich zunehmend auf den »Atomstreit«: auf den Verdacht, dass der Iran an einer Atomwaffenkapazität arbeite, und entsprechende Versuche, Teheran zur Einschränkung seines – eigenen Beteuerungen zufolge – friedlichen Nuklearprogramms zu bewegen. Iran war nie völlig isoliert, aber Wirtschaft und Gesellschaft litten enorm und veränderten sich entsprechend unter den dem Land auferlegten Einschränkungen.[2]

Schon deshalb könnte das Nuklearabkommen zwischen Iran auf der einen und den fünf Vetomächten im UN-Sicherheitsrat sowie Deutschland auf der anderen Seite, das bis Ende Juni 2015 – nach zwölf mühsamen Verhandlungsjahren – finalisiert werden soll, auch das regionale Kräftefeld in Schwingung versetzen: Iran wird durch das Abkommen kein »anderer« Staat werden. Aber eine so wesentliche Veränderung in den internationalen Beziehungen des Landes wird innenpolitische Auswirkungen zeitigen und sich gleichzeitig auf die regionale Position Irans auswirken. In welcher Weise dies geschieht, lässt sich nicht vorhersagen. Die folgenden zwei Szena-

2 Mehr dazu in meinem Buch *Iran – Eine politische Herausforderung*, Frankfurt am Main: Suhrkamp 2008.

rien stecken den Raum plausibler Entwicklungsmöglichkeiten zumindest skizzenhaft ab.

Das erste Szenario drückt im Kern die Hoffnungen der Staaten aus, die das Abkommen mit Iran verhandelt haben, und wahrscheinlich auch sehr weitgehend die der iranischen Unterhändler selbst. Das Nuklearabkommen wird demnach im Iran die Kräfte stärken, die auf Ausgleich mit ihrer regionalen und internationalen Umgebung setzen. Iran wird seine Sprache den USA, Saudi-Arabien und allmählich auch Israel gegenüber verändern. Saudi-Arabien und die arabischen Staaten sind bereit, den guten Willen Irans zumindest zu testen und, unter anderem, eine Einbeziehung Irans in Bemühungen um eine verhandelte Lösung des Syrien-Konflikts zu akzeptieren. Teheran nutzt tatsächlich seinen Einfluss in Damaskus, um Baschar al-Asad zum Rücktritt zu bewegen. Eine Übergangsregierung aus Mitgliedern des alten Regimes und der Opposition verkündet einen Waffenstillstand. Dem schließen sich auch die von Saudi-Arabien unterstützten islamischen Oppositionsmilizen an. Im Herrschaftsgebiet des IS kommt es zu Unruhen und Absetzbewegungen. Iran nutzt auch seine Beziehungen zu den Huthis im Jemen, um dort einer Vermittlungsinitiative des Golfkooperationsrats zum Erfolg zu verhelfen. Innenpolitisch profitieren Präsident Rohani und seine Regierung davon, dass wieder ausländische Investitionen ins Land kommen, die Wirtschaft Fahrt aufnimmt, neue Arbeitsplätze geschaffen werden. Die Öffnung in Richtung Europa und, vorsichtig noch, in Richtung USA stärkt innerhalb Irans die reformorientierten Mittelschichten; und der Erfolg Rohanis auf der internationalen Bühne erlaubt es ihm, auch innere Reformen und vorsichtige Schritte der politischen Öffnung gegen den Widerstand konservativer Kräfte durchzusetzen. All dies verschafft dem Präsidentenlager und den Reformern bei der kommenden Parlamentswahl und den Wahlen zum sogenannten Expertenrat eine deutliche Mehrheit.

Allerdings ist auch ein ganz anderes Szenario vorstellbar, bei dem trotz des Atomabkommens die regionalen Spannungen zunehmen und Iran sich keineswegs öffnet. Dabei wird innerhalb Irans bald deutlich, dass Präsident Rohani und Revolutionsführer Khamenei das Atomabkommen aus unterschiedlichen Gründen angestrebt haben: Rohani, um Iran wieder stärker in die internationale Gemeinschaft zu integrieren, Khamenei, um mit einem Ende der Sanktionen Iran auch als Regionalmacht zu stärken. Nationalisten und Hardliner im Iran verunsichern die Nachbarn, indem sie immer mehr von der Prädominanz Irans in der Region sprechen und ihren Einfluss im Irak, in Syrien, im Libanon und vielleicht auch im Jemen oder im Gazastreifen deutlich machen. Saudi-Arabien, andere arabische Staaten und Israel, die dem Atomdeal gegenüber skeptisch waren, fühlen sich bestätigt, und eine von Riad geführte arabische Koalition setzt, möglicherweise mit türkischer Hilfe, auf militärische Entscheidungen gegen iranische »Proxies« im Jemen und in Syrien. Angesichts der regionalen Spannungen bleibt der Effekt des Sanktionsabbaus sehr viel geringer als erwartet. Rohani wird dafür kritisiert, dass er dem Westen zu große Zugeständnisse gemacht hat. Tatsächlich sind der Revolutionsführer und die Konservativen sich einig, dass Rohani mit dem Deal seine Schuldigkeit getan hat; jetzt geht es darum, Irans neue Handlungsfreiheit auszuspielen, ohne auf das liberale Spektrum im Innern Rücksicht nehmen zu müssen. Da er wenig wirtschaftliche Erfolge vorweisen kann, verliert Rohani zunächst die Parlaments- und 2017 auch die Präsidentschaftswahlen. In Teheran herrschen wieder die Konservativen. Das ist insofern nicht ganz »systemwidrig«, als sich auch in der arabischen Welt unter Führung Saudi-Arabiens und Ägyptens jene Kräfte durchgesetzt haben, die auf eine Politik der militärischen Stärke nach außen und der autoritären Stabilisierung nach innen setzen. Iran und Saudi-Arabien unterstützen weiterhin unterschiedliche Kriegsparteien in Syrien. Die Vereinten Nationen geben ihre Bemühungen um eine Beilegung des Konflikts auf und kümmern sich nur noch um die Verwaltung des humanitären Elends. Ohne eine Aussicht auf Frieden verfällt zusätzlich jener Rest, der vom syrischen Staat noch übrig ist, weiter. Der IS stabilisiert sich in Nordost-Syrien und im Zentralirak. Die konfessionelle Polarisierung spitzt sich weiter zu, nachdem Teheran, selbstverständlich auf Bitten der irakischen Regierung, Kampftruppen nach Bagdad entsandt hat. Freitagsprediger in Saudi-Arabien verlangen immer deutlicher, den »schiitischen Invasoren« entgegenzutreten und dazu – notfalls – auch den IS mit Geld und Waffen zu unterstützen.

Keines dieser Szenarien wird sich in Reinform realisieren. Sie machen zunächst einmal deutlich, dass auch politisch erwünschte Entwicklungen unerwünschte Ergebnisse nach sich ziehen können. Grundsätzlich sollten unterschiedliche Zukunftsentwürfe zudem dazu anregen, über politische Interessen und Handlungsoptionen nachzudenken.

Ich habe bereits darauf hingewiesen, dass die kurzlebige Euphorie, die die arabischen Revolten in den USA und in Europa ausgelöst haben, zunehmend von einer Tendenz zur Abschottung gegenüber der arabisch-nahöstlichen Welt abgelöst worden ist. Man möchte die Gefahren und Risiken, die wir dort wahrnehmen, auch möglichst dort eindämmen. Eine solche Art des Gefahren-Containment wird allerdings nicht gelingen. Die Europäische Union versteht Nordafrika und den Nahen Osten zu Recht als Teil ihrer Nachbarschaft; Europa ist mit der gesamten Region viel zu stark verflochten. Geografie und Geschichte verbinden uns oftmals stärker, als uns – oder den Akteuren im Nahen und Mittleren Osten – lieb ist. Das Beziehungsgeflecht hat nicht nur wirtschaftliche, politische und sicherheitspolitische, sondern, in unterschiedlichem Ausmaß, auch entwicklungs-, migrations- und umweltpolitische sowie religiöse und kulturelle Aspekte. Darüber hinaus sind die Turbulenzen im Nahen und Mittleren Osten mittlerweile ein Element unserer Innenpolitik geworden: 2014 stammten mehr als zwanzig Prozent aller Flüchtlinge, die nach Deutschland oder in die EU-Staaten kamen, aus Syrien. Zwar nimmt die EU insgesamt nur etwa vier Prozent aller syrischen Flüchtlinge auf, aber dennoch gibt es eine Diskussion über Aufnahmekapazitäten und Lastenteilung.[1] In den meisten europäischen Ländern sind kritischere Diskussionen über den Islam und den Umgang mit Muslimen laut geworden. Und es gibt, wie unter anderem die An-

1 Quellen: Eurostat; UNHCR.

schläge auf das Jüdische Museum in Brüssel oder die Redaktion von *Charlie Hebdo* in Paris gezeigt haben, echte terroristische Bedrohungen durch al-Qaida oder den IS, bei denen fast immer eine direkte Beziehung in den Nahen und Mittleren Osten besteht. Etwa 3000 junge Leute aus Europa – mindestens 600 allein aus Deutschland – sind als »ausländische Kämpfer« nach Syrien gezogen. Einige davon wollen zurückkehren, weil sie gemerkt haben, dass der IS oder andere Organisationen sie betrogen und missbraucht haben. Andere kehren zurück, um den Krieg des IS oder al-Qaidas nach Europa zu tragen. Gleichzeitig werden Anschläge auf Moscheen oder Flüchtlingsunterkünfte in Deutschland oder Demonstrationen gegen eine angebliche »Islamisierung« Europas auch in muslimischen Ländern wahrgenommen. Der deutsche Außenminister Frank-Walter Steinmeier machte nach einer Maghreb-Reise Anfang 2015 deutlich, wie sehr das Ansehen Deutschlands im Ausland durch solche Ereignisse beschädigt wird.

Europäische und andere internationale Akteure sollten sich über die Grenzen ihres Einflusses auf die Entwicklungen im Nahen und Mittleren Osten klar sein. Das heißt nicht, dass externe Akteure keinen Einfluss haben. Die USA haben allerdings im Irak, Frankreich und andere europäische Staaten in Libyen lernen müssen, dass es leichter ist, ein Regime zu stürzen, als den Aufbau einer haltbaren neuen Ordnung auf den Weg zu bringen.

Eine verantwortliche europäische Politik sollte weder auf *regime change* noch auf Eindämmung setzen. Sie muss eine Form des Engagements mit den regionalen Akteuren und den Problemen und Konflikten der Region suchen, das unseren Interessen und Werten entspricht. Hier ist nicht der Ort für ausführliche Politikempfehlungen. Aber drei Eckpunkte scheinen mir besonders wichtig: Bemühungen um Konfliktbeilegung, die Förderung politischer Transformation und die Bereitschaft zur Kooperation mit funktionierenden Staaten – auch mit solchen, die unseren politischen Vorstellungen nicht entsprechen.

Beiträge zur Konfliktlösung: Europäische Politik sollte sich weiter um die friedliche Regelung von Konflikten mit und zwischen regionalen Akteuren bemühen. Es ist schon deshalb richtig gewesen, dass europäische Diplomaten zunächst ohne die USA und gegen deren Rat, dann mit den USA und schließlich faktisch unter amerikanischer Führung zwölf Jahre lang mit Iran über dessen Atomprogramm verhandelt haben. Von strategischer Geduld wird oft geredet; hier ist sie tatsächlich zum Ausdruck gekommen. Europa und einzelne europäische Staaten sollten sich auch darum bemühen, Iran auf der einen und Saudi-Arabien sowie den arabischen Golfstaaten auf der anderen Seite dabei zu helfen, Misstrauen abzubauen und zumindest ein rudimentäres regionales Sicherheitssystem am Persischen Golf auf den Weg zu bringen. Das ist nicht nur wegen der im Einzelnen unvorhersehbaren Wirkungen sinnvoll, die ein internationales Atomabkommen mit Iran auf die regionalen Kräfteverhältnisse haben wird. Ohne Entspannung zwischen Iran und Saudi-Arabien wird es, wie bereits angesprochen, nahezu unmöglich sein, den Krieg in Syrien zu beenden.

Die EU und ihre Mitgliedsstaaten haben nicht nur aus humanitären Gründen ein elementares Interesse daran, auf ein Ende des Mordens in Syrien hinzuarbeiten. Dabei ist es wichtig, den Umgang mit dem Konflikt in Syrien nicht auf Terrorismusbekämpfung oder die Auseinandersetzung mit dem IS zu verkürzen. Es ist schädlich genug für das Ansehen Europas, wenn unter den Millionen Syrern und Syrerinnen, die innerhalb des Landes vertrieben wurden oder ins Ausland geflohen sind, der Eindruck entsteht, der Westen bekämpfe zwar den IS, lasse die »normalen« Syrer aber mit Asad allein oder akzeptiere gar das Narrativ Asads, demzufolge es nur die Entscheidung zwischen ihm und dem islamistischen Terrorismus gebe. Internationale Politik muss sich um haltbare Waffenstillstände, um Verhandlungen und um einen politischen Übergangsprozess bemühen, der genügend Glaubwürdigkeit entfaltet, um dem IS und anderen Jihadisten den Boden zu entziehen. Europa wird seine guten Dienste auch in anderen zerrissenen Staaten anbieten müssen, nicht zuletzt im Jemen, in Libyen oder im Sudan. In all diesen Fällen wird ein Ausgleich sich nur durch Formen der Machtteilung finden lassen. Im israelisch-palästinensischen Konflikt wird Europa weiterhin für eine Zweistaatenlösung eintreten müssen, für ein friedliches Miteinander der zwei Staaten, Israel und Palästina also. Dazu gehören trotz aller Schwierigkeiten die weitere Unterstützung beim Aufbau palästinensischer Institutionen und ein konsequentes Eintreten gegen die fortgesetzte »Zersiedlung« der palästinensischen Gebiete durch israelische Siedlungs- und Infrastrukturprojekte.

Bei all dem wird man intellektuell akzeptieren müssen, dass man bestimmte Konflikte auf absehbare Zeit nicht lösen, sondern dass sie nur längerfristig gemanagt werden können. Dies gilt für zwischenstaatliche Konflikte wie, wahrscheinlich, den Hegemonialkonflikt zwischen Riad und Teheran oder das tiefe feindliche Misstrauen zwischen Iran und Israel. Hier kann es hilfreich sein, sich über europäische Erfahrungen mit vertrauensbildenden Maßnahmen und sicherheitspolitischen Arrangements auszutauschen, die zumindest helfen können, unbeabsichtigte Zusammenstöße zu verhindern. Dasselbe gilt aber auch für langanhaltende innere Konflikte wie den Krieg in Syrien. Europäische und andere externe Akteure werden mehr tun müssen, um Gebiete, die außerhalb der Kontrolle des Regimes und des IS liegen, von außen zu unterstützen und zu stabilisieren. Idealerweise könnten hier Keimzellen eines »neuen« Syrien entstehen. Die Hilfe für Flüchtlinge und Vertriebene innerhalb und außerhalb der Landesgrenzen ist essenziell und keinesfalls nur ein Herumdoktern an Symptomen. Ohne ausreichende Bildungs- und Ausbildungsangebote für Flüchtlinge in den Nachbarländern beispielsweise droht die Marginalisierung und Radikalisierung einer ganzen Generation. Es ist wichtig, dass auch Deutschland und die EU im Ganzen weiter Flüchtlinge aus Syrien aufnehmen. Dabei darf die Konfession der Flüchtlinge keine Rolle spielen. Eine gezielte Bevorzugung christlicher Flüchtlinge, wie einzelne Politiker dies gelegentlich vorschlagen, wäre grundfalsch. Nicht nur würden wir damit in der Region den Eindruck vermitteln, dass der Westen selbst eine konfessionelle Agenda hat. Wir würden auch, gegen den Wunsch der Kirchen im Nahen Osten, zum Exodus der Christen aus der Region beitragen und letztlich die Agenda all derer befördern, die den religiösen Pluralismus in diesen Ländern zerstören wollen. Europa muss deshalb bei der Aufnahme von Flüchtlingen sowie insgesamt im Umgang mit den Ländern und Gesellschaften des Nahen und Mittleren Ostens konfessionell farbenblind sein. Das ist auch die überzeugendste Demonstration unserer demokratisch-säkularen Werte einschließlich unseres Verständnisses von Religionsfreiheit.

Transformationsförderung: Europäische Politik wird sich weiter für politische und wirtschaftliche Transformationsprozesse in den Ländern des Nahen und Mittleren Ostens stark machen müssen. Dabei geht es nicht um einen idealistischen Export europäischer Werte oder Vorstellungen. Regionale Experten haben nicht erst seit dem Beginn der arabischen Revolten im Jahr 2011 schlechte Regierungsführung (*bad governance*), also insbesondere Korruption, einen eklatanten Mangel an Partizipation und Rechtsstaatlichkeit, die Marginalisierung wesentlicher Bevölkerungsgruppen anstelle inklusiver Herrschaft und die systematische Verletzung von Menschenrechten als wesentliche Ursachen für Entwicklungsdefizite, für fehlende Entfaltungsmöglichkeiten und für den Mangel an Chancen benannt, unter dem nicht zuletzt die nachrückenden Generationen zu leiden haben.[2] Es fällt schon auf, dass die demografische Struktur, insbesondere der große »Jugendüberhang« in den arabischen Ländern, von Europa aus vorwiegend als Risiko wahrgenommen und auch von einem großen Teil der lokalen Eliten eher als Problem denn als Chance für eine dynamische gesellschaftliche, wirtschaftliche und kulturelle Entwicklung betrachtet wird.

Europas Stabilitätsinteresse und sein Interesse an politischem Wandel in seiner südlichen Nachbarschaft schließen einander nicht aus. Letztlich kommt es darauf an, eine dynamische Form der Stabilität zu erreichen. Zu oft ist vor 2011 politische Stagnation mit Stabilität verwechselt worden. Autoritäre Regime wirken, eben weil sie Widerspruch unterdrücken, so lange stabil, bis sie in ernsthafte Schwierigkeiten geraten. Ob und wann dies

---

2 So immer wieder in dem erstmals 2002 erschienenen, vom Entwicklungsprogramm der Vereinten Nationen (UNDP) veröffentlichten *Arab Human Development Report*. Diese Berichte sind online verfügbar unter {http://www.arab-hdr.org/}.

geschieht, lässt sich im Einzelfall nicht vorhersagen. Die Vereinten Nationen gehen allerdings aufgrund ihrer Erfahrungen mittlerweile davon aus, dass eine Zunahme von Menschenrechtsverletzungen einen der sichersten Frühindikatoren für kommende Krisen und Konflikte in einem Land darstellt. Auch eine »realistische«, an Stabilität und Sicherheitsinteressen orientierte Außenpolitik kann deshalb über Menschenrechtsverletzungen und allgemein über schlechte Regierungsführung nicht hinwegsehen. Dies bedeutet gerade nicht, auf das Gespräch oder die Zusammenarbeit auch mit autoritären Regimen zu verzichten. Ägypten beispielsweise, das sich unter Präsident Sisi wieder in Richtung eines autoritären und repressiven Regimes entwickelt hat, ist nicht nur in jeder Hinsicht zu groß, um links liegen gelassen zu werden. Es bleibt ein wichtiger Spieler auf der regionalen Bühne. Ein offener, respektvoller politischer Austausch, der Differenzen und Übereinstimmungen auslotet, ist deshalb unverzichtbar. Entwicklungszusammenarbeit, die den Menschen zugutekommt, wirtschaftliche und soziale Entwicklungschancen und Ausbildungsmöglichkeiten verbessert, bleibt in jedem Fall sinnvoll. Einer Zusammenarbeit in Fragen der inneren Sicherheit dagegen sollten engste Grenzen gesetzt werden. Ägypten ist zwar ein ernst zu nehmender Staat, verkörpert aber ein Politikmodell, das auf politische Exklusion, vor allem des moderat islamischen Spektrums, zunehmend aber auch liberaler Kräfte, setzt. Tunesien, vor allem aber auch Marokko oder Jordanien bieten, bei allen Unterschieden, prinzipiell inklusive Gegenentwürfe. Europa sollte sich nicht scheuen, deutlich zu machen, welches Modell es, gerade mit Blick auf die Ursachen der Revolten von 2011, für zukunftsfähiger hält – und dies auch durch die Art und den Umfang seiner Unterstützung ausdrücken.

Dialog und sicherheitspolitische Partnerschaft: Europäer und andere externe Akteure können Ordnung, Frieden sowie Sicherheit im Nahen und Mittleren Osten nicht von außen herstellen. Sie können auch terroristische Akteure wie den sogenannten Islamischen Staat nicht besiegen. Sie brauchen regionale Partner, die selbst Verantwortung übernehmen, nicht zuletzt, wo es darum geht, eine haltbare regionale Ordnung zu entwickeln. Europa kann diese Partner unterstützen, hat aber nur begrenzten Einfluss auf deren Agenda, ideologische Ausrichtung oder Regierungssysteme. Wir sollten unsere Präferenzen, Werte und Interessenlagen nicht verstecken. Im Gegenteil: Hier sollten wir eher transparenter und deutlicher sein. Als Faustregel gilt aber, dass wir in Fragen der regionalen Sicherheit und Ordnung prinzipiell bereit sein sollten, mit allen Staaten und Quasi-Staaten zusammenzuarbeiten, die funktionieren und ein Mindestmaß an guter Regierungsführung und Inklusivität aufweisen. Das heißt beispielsweise, dass es richtig ist, Jordanien, den Libanon oder die Kurdische Regionalregierung gegebenenfalls auch mit Waffen, Gerät und militärischer Ausbildung zu unterstützen, um sie im Kampf gegen den IS zu stärken. Es heißt ganz sicher, dass ein Staat wie Tunesien, der seine Grenzen kaum wirksam kontrollieren kann, all die technische und materielle Unterstützung erhalten sollte, die er dazu braucht. Nur wenn wir diesen Staaten helfen, ihr eigenes Staatsgebiet und ihre Grenzen zu sichern und ihre Bürgerinnen und Bürger zu schützen, können wir auch glaubwürdig von ihnen verlangen, dass sie bestimmte Reformen in ihrem Sicherheitssektor durchführen, um etwa die zivile Kontrolle über die Streitkräfte zu stärken.

Auf der gleichen Grundlage wird man, um ein anderes Beispiel zu nennen, auch Iran und Saudi-Arabien bei der

Suche nach Lösungen für den Syrien-Konflikt einbeziehen müssen. Nicht wenige regionale Akteure sind gleichzeitig Teil der Probleme und ihrer Lösung. Dasselbe gilt allerdings für einige der internationalen Akteure. Ich habe in diesem Band wiederholt auf die Verantwortung einzelner Staaten für den anhaltenden Krieg in Syrien, die Eskalation der Konflikte in Libyen oder im Jemen oder, mehr noch, für die Verbreitung der jihadistischen Ideologie und die konfessionelle Mobilisierung hingewiesen. Ohne diese Staaten werden allerdings die Konflikte der Region nicht gelöst werden, wird Syrien nicht wieder zusammenwachsen, wird sich die konfessionalistische Polarisierung nicht überwinden lassen. Iran hat sich bislang nicht entschieden, ob es ein revolutionäres Regime oder eine konstruktive Regionalmacht sein will. Aber das politische System des Landes ist vergleichsweise flexibel und erlaubt politische Veränderungen durch Wahlen. Das ist mehr, als man über die meisten arabischen Staaten sagen kann. Und bei aller Kritik an den inneren Verhältnissen Saudi-Arabiens: Wer glaubt, dass das Land ohne die königliche Familie eher auf regionalen Ausgleich setzen oder einen liberaleren Kurs einschlagen würde, dürfte sich irren.

Europäische Politik ist gut beraten, einen intensiven politischen Dialog gerade auch mit schwierigen Partnern zu führen. Dazu gehört zunächst einmal anzuerkennen, dass jeder Staat auch legitime Interessen hat. Dass diese Partner sich in der Region besser auskennen und von regionalen Entwicklungen stärker betroffen sind als wir, gilt es ebenfalls zu akzeptieren. Das heißt nicht, dass wir ihre Politik für richtig halten müssen. Bei allen Differenzen, die wir mit Saudi-Arabien, Ägypten, Iran, den VAE, Katar, der Türkei, Israel oder dem palästinensischen Staat haben mögen – Differenzen sehr unterschiedlicher Art zweifellos –, müssen wir daran interessiert sein, dass diese Staaten ihre eigenen Probleme und die Probleme mit ihren Nachbarn konstruktiv bearbeiten können. Wenn sie dafür unsere Unterstützung suchen, sollten wir diese nicht verweigern. In jedem Fall ist es leichter, mit einem schwierigen, aber funktionierenden Partner umzugehen, als mit gescheiterten Staaten.